Völkerrecht und Außenpolitik

Herausgegeben von
Prof. Dr. Jörn Axel Kämmerer
Prof. Dr. Philip Kunig
Prof. Dr. Walter Rudolf

Band 73

Dr. Hans-Joachim Vergau

Verhandeln um die Freiheit Namibias

Das diplomatische Werk der westlichen Kontaktgruppe

Nomos

Die Deutsche Bibliothek verzeichnet diese Publikation in der Deutschen Nationalbibliografie; detaillierte bibliografische Daten sind im Internet über http://dnb.ddb.de abrufbar.

ISBN 3-8329-2305-5

1. Auflage 2006

Inhaltsverzeichnis

Verzeichnis der Abkürzungen

AKTUR	Aksiefront vir die Behoud van die Turnhalle-Beginsels (Aktionsfront zur Erhaltung der Turnhalle-Grundsätze)
AM	Außenminister
CAA	Central Administrative Authority
D	Bundesrepublik Deutschland
DB	Drahtbericht = dienstliches Fernschreiben einer deutschen Auslandsvertretung an das Auswärtige Amt in Bonn
DE	Drahterlaß = Fernschriftlicher Erlaß aus dem Auswärtigen Amt an eine oder mehrere deutsche Auslandsvertretungen
DGVN	Deutsche Gesellschaft für die Vereinten Nationen
DMZ	Demilitarisierte Zone
DTA	Democratic Turnhalle Alliance
ECOSOC	Economic and Social Council (Wirtschafts- und Sozialrat der Vereinten Nationen)
F	Frankreich
FAZ	Frankfurter Allgemeine Zeitung
FLS	Frontlinienstaaten (Angola, Botswana, Sambia, Tanzania, Mosambik, ab 1980 auch Simbabwe)
GA	General Assembly of the United Nations
GB	Großbritannien
GenV	Generalverwalter
GS	Generalsekretär der Vereinten Nationen (Kurt Waldheim 1972-1981, Javier Pérez de Cuéllar 1982-1991)
GV	Generalversammlung der Vereinten Nationen
IG	Interessengemeinschaft Deutschsprachiger Südwester
IGH	Internationaler Gerichtshof in Den Haag/Niederlande
KAN	Kanada
KG	Kontaktgruppe der westlichen Fünf (D, F, GB, KAN, USA), die von 1977 bis 1990 Verhandlungen betreffend Namibia geführt hat.
KSZE	Konferenz über Sicherheit und Zusammenarbeit in Europa
MPLA	Movimento Popular de Libertacâo de Angola
NATO	North Atlantic Treaty Organization
NY	New York
OAU	Organization of African Unity

PIM	Pre-implementation Meeting (VN-Konferenz in Genf 1981)
PM	Premierminister
Quintett	die ständig gleiche KG-Mannschaft 1977/78 (Paul Lapointe/KAN, Don McHenry/USA, James Murray/GB, Albert Thabault/F, Hans-Joachim Vergau/D)
RL 320	Leiter des Referats 320 im Auswärtigen Amt in Bonn (u.a für Namibia, SA und FLS zuständig); mit dieser Bezeichnung ist im Text ausschließlich der *Verfasser* gemeint, der diese Stellung 1980 bis 1985 innehatte.
SA	Republik Südafrika
SGV	Sonder-Generalversammlung der Vereinten Nationen
SR	Sicherheitsrat der Vereinten Nationen
SR...	SR bedeutet Sicherheitsrats-Resolution, wenn nach SR eine Nummer folgt, z.B. SR 435
StS	Staatssekretär
SU	Sowjetunion
SWAPF	South West Africa Police Force
SWAPO	South West Africa People‘s Organization
SWATF	South West Africa Territory Force
UDI	Unilateral Declaration of Independence (Rhodesien)
UN	United Nations
UNITA	Uniâo Nacional para a Independência Total de Angola Oppositionsbewegung unter Führung von Jonas Savimbi
UN-SpR	United Nations Special Representative (Martti Ahtisaari)
UNTAG	United Nations Transition Assistance Group
USG	Under-Secretary General (Stv. Generalsekretär der VN)
VN	Vereinte Nationen
ZANU/PF	Zimbabwe African National Union/Patriotic Front
ZAPU	Zimbabwe African People’s Union
ZEI	Zentrum für Europäische Integrationsforschung, Bonn

Einleitung

In New York sorgten zu Beginn des Jahres 1977 fünf Mitglieder des Sicherheitsrats für Aufsehen in den Vereinten Nationen. Die Fünf waren die ständigen Mitglieder des Sicherheitsrats USA, Großbritannien und Frankreich sowie die ab 1. Januar für zwei Jahre hinzugewählten nicht-ständigen Mitglieder Bundesrepublik Deutschland und Kanada. Diese Fünf schickten sich an, auf dem Wege einer gemeinsamen Aktion der seit Jahren heftig geführten Debatte über die Probleme im Südlichen Afrika, in erster Linie Apartheid, Rhodesien und Namibia, eine Wende zu geben, indem sie eine Initiative zur Lösung der Namibiafrage vorbereiteten. Gemeinsames Vorgehen in einer Gruppe von Mitgliedern des Sicherheitsrats (SR) war nichts Neues, Aufsehen erregte jedoch die Tatsache, daß damit die bei weitem wichtigsten noch verbliebenen internationalen Partner Südafrikas mit vereinten Kräften aktiv wurden und dadurch die Hoffnung aufkeimen ließen, sie könnten das bis dahin alle Fortschritte blockierende Apartheid-Regime in Pretoria endlich in eine international akzeptable, die Menschenrechte achtende Richtung bewegen.

Die Namibia-Initiative der westlichen Fünf hat ihr Ziel, nämlich das Ende der Kämpfe, den Abzug Südafrikas und die Unabhängigkeit Namibias mit demokratischer und rechtsstaatlicher Verfassung, 1990 erreicht. Der überaus vielgestaltige, neben hart erarbeiteten Fortschritten auch immer wieder dramatische Rückschläge erfahrende politische Prozeß ist ein Kernbestandteil der Entstehungsgeschichte des neuen Staates, und also besteht selbstverständlich ein legitimes Interesse der Bürger Namibias, über diesen Prozeß vollständig aufgeklärt zu werden. Zugleich handelt es sich um ein zeitloses Lehrstück für alle, die sich lernend oder ausübend mit der in so anregendem Reichtum an Gestaltungsmethoden ausgestatteten Aufgabe internationalen Verhandelns befassen.

Auf die Namibia-Verhandlungen ist bereits in mehreren Darstellungen eingegangen worden. Auch denen von beachtlicher Qualität ist gemeinsam, daß sie fast nur auf veröffentlichtes Material und auf Interviews angewiesen waren.[1]

Der Verfasser des hiermit vorgelegten Beitrags vermag sich auf eine bedeutend breitere Erkenntnisgrundlage zu stützen. Er ist nahezu lückenlos Zeuge des Verhand-

---

1 Alle a.a.O.: Brenke; Jabri; Melber, in „Conflict Mediation.“; Engel/Schleicher, S.259-336; Wenzel, S. 117-123
Gesamtbevölkerung Namibias (laut Länderaufzeichnungen des Auswärtigen Amts):
1977: 758.900 Einwohner (davon 357.000 Ovambos; ca. 90.000 Weiße, davon ca. 23.000 Deutschstämmige, von denen ca. 6.000 deutsche Staatsangehörige waren).
1990: 1.294.000 Einwohner (davon 641.000 Ovambos; ca. 103.500 Weiße, davon ca. 25.000 Deutschstämmige, von denen ca. 15.000 deutsche Staatsangehörige waren). Für 2005 gibt die Botschaft Namibias in Berlin die Gesamtbevölkerung mit 1.900.000 an.

lungsprozesses und unmittelbar Mitwirkender in der Fünfer-Initiative gewesen. Von 1976 bis 1980 war er an der VN-Vertretung der Bundesrepublik Deutschland in New York der für Namibia zuständige Referent, danach bis 1985 im Auswärtigen Amt Leiter des mit Namibia befaßten Referats (320) und – nach Zwischenaufenthalt als politischer Gesandter in Paris – von 1987 bis 1993 an der New Yorker VN-Vertretung Botschafter als stellvertretender Leiter, wobei er sich erneut an sämtlichen Namibia-Vorgängen selbst beteiligt hat. Ihm persönlich liegt dadurch auch umfassendes Quellenmaterial vor, das während des Prozesses unmittelbar entstanden und in diesem Sinne authentisch ist.

Es geht hier um die Darstellung und Bewertung des realen Geschehens im Rahmen der diplomatischen Entwicklung von 1977 bis 1990. Die Vorgeschichte Namibias und seiner internationalen Behandlung bleibt weitgehend ebenso ausgeklammert[2] wie das 1989/90 in Ausführung des Lösungsplans erfolgte Vorgehen der United Nations Transition Assistance Group (UNTAG).[3]

---

2 Zur Geschichte bis 1977 siehe a.a.O.: Eckart Klein, S. 485-490; Steltzer; Jaenecke, S.186-203; Brenke, S. 7-19; IGH-Gutachten 1971.

3 United Nations: The Blue Helmets, a.a.O. S. 203-229; Ahtisaari und Prem Chand in Weiland/Graham a.a.O.

A. Die Verhandlungen 1977/78 bis zum Lösungsplan gemäß SR 435

I. Gründung und Mandat der Kontaktgruppe

Der SR hatte am 30. Januar 1976 im operativen Para. 7 der Resolution 385 einstimmig beschlossen:

> „Declares that in order that the people of Namibia be enabled to freely determine their own future, it is imperative that free elections under the supervision and control of the United Nations be held for the whole of Namibia as one political entity."

In Para. 8 wird die nähere Regelung der VN-Überwachung durch den SR angekündigt, eine erste Aufgabendefinition für die spätere UNTAG.

Die Resolution kam ständigen Forderungen der VN-Generalversammlung (GV) entgegen und ist dort auch von den westlichen Delegierten einhellig begrüßt worden.

Die Anfang 1977 neue Konstellation, es im SR nun mit einer westlichen Gruppe solchen Kalibers zu tun zu haben, legte es den Afrikanern nahe, diese Fünf mit ihrem Beifall für SR 385 beim Wort zu nehmen und durch gegen Südafrika gerichtete scharfe, auch Sanktionsmaßnahmen nach Kapitel VII der Charta einschließende Resolutionsentwürfe zu zwingen, in der VN-Öffentlichkeit auf völkerrechtlich relevante Weise Farbe zu bekennen. Sie bereiteten alsbald vier diesen Zweck verfolgende Resolutionsentwürfe vor und forderten eine Debatte, die am 21. März beginnen sollte. Der erste Entwurf, der die unverzügliche Abschaffung des Apartheid-Systems forderte, war für den Westen akzeptabel. Der zweite Entwurf war auf Maßnahmen gegen Südafrika nach Kapitel VII gerichtet für den Fall, daß Südafrika sein völkerrechts-widriges Verhalten „in South Africa and in Southern Africa as a whole", womit auch Namibia einbezogen war, nicht unverzüglich einstellt. Einen besonders zwingenden Hinweis auf Kapitel VII brachte die bisher nicht eingeführte Formel, Südafrika befinde sich angesichts der militärischen Besetzung Namibias in einem „state of war" gegen die VN. Die dritte Resolution zielte auf ein zwingendes Embargo gegen Waffenlieferungen und Kooperation im Nuklearbereich. In der vierten Resolution wurde die Unterlassung jeglicher Investitionen in und Anleihen an Südafrika dringend empfohlen.[4]

Auf Arbeitsebene hatten die zuständigen New Yorker fünf Experten sich bereits ab Januar mehrfach informell über den SR angehende Entwicklungen konsultiert. Dies war eine im VN-Kontext zwischen Partnern mit gleichgerichteter Interessenlage selbstver-

4 Als Entwürfe (in Blautext) sind die 4 Texte am 29.3.1977 verteilt worden unter den SR-Dokumentennummern S/12309-12312.

ständliche, fast automatische Praxis. Dasselbe gilt natürlich auch für die Leiter der VN-Vertretungen. Der Handlungsbedarf war erheblich, weil damals einerseits zumindest die Entwürfe 2 und 3 als unakzeptabel galten, andererseits aber die Fünf – eben gerade im Lichte von SR 385 – unbedingt Veto oder Nein-Stimme vermeiden wollten. In einer solchen Konsultation am 4. März 1977 gab der US-Teilnehmer zu erwägen, ob man vielleicht einen afrikanischen Verzicht auf die kontroversen Resolutionen erreichen könnte durch eine Konsens-Erklärung des SR. Wenn eine solche Erklärung scharfe und überzeugend begründete Forderungen an Südafrika stelle, so sei damit jedenfalls auch aus Sicht der Afrikaner mehr zu erreichen, als mit Entwürfen, die im SR scheitern würden. In einer Besprechung der Leiter der fünf Vertretungen und ihrer Experten am 9. März in der Residenz des deutschen VN-Botschafters Rüdiger von Wechmar ist in der Tat beschlossen worden, auf eine solche „Prinzipienerklärung" hinzuarbeiten.

In der gleichen Besprechung kam auch der ungünstige Umstand zur Sprache, daß der Westen in den VN fortgesetzt nur auf afrikanische Initiativen (meist negativ) reagierte, anstatt selbst in einem konkreten Bereich, zum Beispiel der Namibia-Frage, die Initiative zu ergreifen. Diesem Ansatz war Folgendes vorausgegangen:

Schon im Januar 1977 hatte sich der Leiter der Bonner VN-Unterabteilung Helmut Redies der deutschen VN-Vertretung gegenüber in einem Ferngespräch über die von der Bundesregierung als äußerst störend empfundenen namentlichen Verurteilungen in Resolutionen der GV wegen Kooperation mit Südafrika beklagt. Er hat dabei die Idee geäußert, ob man nicht statt ständiger Abwehrstrategie in einem bestimmten Bereich die Rolle des Handelnden an sich ziehen könnte. Am besten solle man sich – gerade angesichts der gegenwärtigen Präsenz von fünf NATO-Staaten im SR – „auf der Basis von SR 385 um Namibia kümmern".

Als Redies am 28. Februar von Konsultationen im State Department nach New York gekommen war, berichtete er, der nach seinem Eindruck federführende US-Experte Gerry Helman, ferner Donald Petterson und auch Assistant Secretary of State for African Affairs William Edmondson seien wie er dafür, angesichts der günstigen Konstellation im SR als Fünfergruppe selbständig „something on Namibia" zu starten. Es fehle noch die Zustimmung von oben, wo die Politik zum südlichen Afrika Chefsache sei und von Präsident Jimmy Carter mit AM Cyrus Vance und dem National Security Council erörtert werde. Zunächst sei oben noch an eine „Namibia-Konferenz" mit VN-Teilnahme gemäß einem früheren Kissinger-Vorschlag gedacht.[5] VN-Botschafter

5 Zur Fünfer-Besprechung am 9. März 1977 vgl. DB 423 vom 9.3.1977 aus New York. Zum Kissinger-Konzept vgl. DB 2646 vom 20.10.1976 aus NY und DB 368 vom 20.10.1976 aus Pretoria. Ferner Vance a.a.O., S272-274. Nur auf dieses Konzept hat Vance sich bezogen, als er eine Anregung des amerikanischen VN-Botschafters Andrew Young zur Fünferzusammenarbeit schon im Januar 1977 erwähnt. In seiner Darstellung der eigentlichen Namibia-Initiative der KG erscheint zutreffend Don McHenry (von 1977 bis Anfang 1981) als der US-Hauptakteur und Young nur am Rande. Der insgesamt hilfreiche Beitrag von Vance leidet unter seiner Neigung, die anderen Vier eher als Statisten bei einem US-Vormarsch zu sehen; so meint er fälschlich, die USA seien Vorsitzende der späteren KG gewesen. (Cyrus Vance a.a.O., Seiten 276 bis 311). Verdienstvoller ständiger Assistent McHenry's in Sachen Namibia war der Amerikaner Henry Miller.

Andrew Young solle aber jetzt angewiesen werden, informell schon mal die Meinungen der anderen Vier einzeln und streng vertraulich zu erkunden.[6]

Als erster ist – in Gegenwart des Verfassers – am Morgen des 1. März 1977 Redies im VN-Gebäude von Young anhand einer Weisung gefragt worden, wie Deutschland die – vom Weißen Hause noch nicht gebilligte – Idee fände, die Fünf im Falle eines befriedigenden Ausgangs der SR-Debatte zunächst mit einer Démarche ihrer Botschafter in Südafrika zu beauftragen und dann, je nach Ergebnis, zu Verhandlungen über Namibia einzusetzen. Redies erklärte ohne Zögern, er gehe davon aus, daß die deutsche Seite ein solches Konzept begrüßen würde, und habe dies am Vortage bereits im State Department angedeutet.[7]

Die damals aktuelle Konstellation im SR und der hier dargelegte Ablauf sprechen dafür, daß der Gedanke an einen derartigen Versuch in jenen Tagen „in der Luft lag", was die Annahme nahelegt, daß gleichzeitig auch in London, Paris und Ottawa über eine Option dieser Art nachgedacht worden ist.

Am 14. März befand sich Bundesaußenminister Hans-Dietrich Genscher zu Konsultationen in Washington. Dort trug ihm von Wechmar den Sachstand sowohl zur SR-Debatte als auch zur US-Sondierung betreffend Namibia vor. Der in Sachen Namibia bereits von Redies informierte Minister entschied, daß wir uns sowohl an der auf die „Prinzipienerklärung" zielenden Aktion im SR als auch an einer Fünfer-Initiative zu Namibia aktiv beteiligen sollten. Zugleich ordnete er an, wir sollten uns dafür einsetzen, daß die Namibia-Initiative auf jeden Fall, also auch bei unbefriedigendem Ausgang der SR-Debatte, gestartet werde.[8]

Die Fünf hatten sich zu ihrer nächsten Besprechung für Mittwoch, den 16. März 1977, in der kanadischen VN-Mission verabredet.[9] Die Runde beriet hier – und noch wochenlang –, bei zugleich ständig neuen Einigungsversuchen mit den Afrikanern, über die Lage im SR und die „Prinzipienerklärung". Jetzt jedoch kam erstmals die Aufgabe hinzu, ein ganz konkretes Konzept für den Start eigenen Vorgehens in Sachen Namibia, beginnend mit einer Fünfer-Démarche in Pretoria, auszuarbeiten. Daher kann dieses Datum wohl als Tag der Gründung der Namibia-Kontaktgruppe (KG) festgehalten werden.[10]

---

6 DB 349 aus NY vom 28.2.1977 (Redies hat die streng vertrauliche Information nicht in den DB mit großem Verteiler aufgenommen, sondern erst in Bonn an AM Genscher weitergegeben).

7 DB 359 aus NY vom 1.3.1977..

8 DB 464 aus NY vom 14.3.1977

9 DB 482 aus NY vom 16.3.1977.

10 DB 720 vom 12.4.1977 aus NY. Im Lichte dieses vielgestaltigen und nicht geradlinigen Werdegangs ist es verwunderlich, daß nach der Erinnerung des Botschafters von Wechmar der Anstoß zum Konzept der Namibia- Initiative und die Gründung der KG das Resultat eines „Anfang 1977" innerhalb einer Woche vollbrachten schöpferischen Ideen-Duetts zwischen US-Botschafter Young und ihm selbst gewesen sein sollen (von Wechmar in „Die Vereinten Nationen und deutsche VN-Politik – aus persönlicher Sicht, DGVN-Texte 39, UNO-Verlag Bonn 1991, Seiten 42/43). Daß im Gedächtnis des Autors zu diesem Unternehmen nicht alles genau aufgezeichnet war, zeigt besonders deutlich seine erstaunliche Annahme, die schon am 1. Januar 1976 verab-

Im Rahmen jener Einigungsversuche haben die Fünf am 17. März in einer Sitzung mit führenden VN-Vertretern Afrikas und der anderen Blockfreien für eine Abkehr von der fruchtlosen bisherigen Konfrontation und für einen Neubeginn („new approach“) in der Behandlung der Probleme des südlichen Afrika geworben. Grundlage solle die „Prinzipienerklärung“ werden. Als Sprecher der Fünf fügte Ivor Richard (Großbritannien) hinzu, die westlichen SR-Mitglieder sollten zusammen mit anderen VN-Mitgliedern mit diplomatischen Beziehungen zu Südafrika eine „Verhandlungsgruppe“ bilden mit dem Auftrag, mit Pretoria über Namibia Gespräche aufzunehmen. Eine eigenständig vorgehende Gruppe der Fünf wurde damit noch nicht angekündigt, und die Idee einer Démarche wurde nicht erwähnt. Die Afrikaner erklärten, da sie jede direkte Verhandlung eines VN-Mitglieds mit Südafrika ablehnten, könnten sie auch einer Mandatserteilung an eine „Verhandlungsgruppe“ durch den SR nicht zustimmen. Der lybische Botschafter fügte hinzu, die „Verhandlungsgruppe“ könne ja auf freiwilliger Basis vorgehen. Diese Einlassungen bestärkten die Fünf in ihrer ohnehin bestehenden Absicht, ihre spätere Namibia-KG nicht durch formelles SR-Mandat in eine Pflicht zu ständiger offizieller Berichterstattung an den SR einzubinden, sondern Informationen nach eigenem Ermessen an den SR zu geben.[11]

Die SR-Debatte ist zur Erleichterung der Fünf im April unter dem Eindruck der zunehmend wichtiger erscheinenden Namibia-Ereignisse sine die vertagt worden.[12] Der Vorschlag „Verhandlungsgruppe“ wurde nicht weiter verfolgt.

---

schiedete SR-Resolution 385, die als lange vorgegebene Plattform der ganzen Initiative stets fest im Bewußtsein jedes Sachkenners gewesen ist, sei erst 1977 von ihm selbst mitbeschlossen worden, – und auch seine Behauptung, die Simultangespräche („proximity talks“) zwischen den Konflikt-Beteiligten seien gängige KG- Praxis gewesen, während tatsächlich unter den über 20 Verhandlungs-Arrangements, welche die KG durchzustehen hatte, nur 2 „proximity talks“ (1977 und 1979) zu finden sind. Diese spezielle Fehlinformation und im wesentlichen die ganze Version wiederholt der Autor in „Akteur in der Loge.“, Siedler-Verlag 2000, Seiten 313 bis 315. Vgl. auch Interviews z.B. bei Jabri S. 59 und 82. Auch Young scheint diese Legende in Interviews untergebracht zu haben, z.B. Engel/ Schleicher S. 272. Der in Afrikafragen unerfahrene Young, bis dahin Kommunalpolitiker in Atlanta, war im Januar 1977 vom State Department zunächst auf Lernreise durch Afrika geschickt worden. Noch am 16. Februar hat er in New York gegenüber den anderen Leitern von der Idee einer Fünfer-Initiative zu Namibia nichts gesagt. Wohl hat er berichtet, der tanzanische Präsident Nyerere habe es als vordringliche Aufgabe Washingtons bezeichnet, „sich mit Namibia zu befassen“. (DB 293 vom 17.2.1977 aus NY; Anmerkungen zur Person Young‘s in diesem DB und auch in DB 565 vom 23.31977 und DB 703 vom 7.4.1977, beide aus NY) Die Leiter der fünf VN-Vertretungen haben während des gesamten Lösungsprozesses kaum wesentliche Beiträge zur Substanz des Konzepts geleistet, sondern eher in New York Organisatorisches geregelt und Presseauftritte bestritten. Bei den weitaus meisten Verhandlungen, – so in Kapstadt/Pretoria, Lusaka, Luanda, Gaborone, Maputo, Daressalam, Lagos, Harare, Genf, – waren sie überhaupt nicht dabei. Selbst in New York haben nicht nur fast alle internen KG-Strategie-Sitzungen, sondern auch einige wichtige Verhandlungen ohne sie stattgefunden..

11 DB 488 aus NY vom 17.3.1977

12 DB 680 aus NY vom 4.4.1977.

II. „Proposals for stern action"

Die Fünf sahen sich bei der Vorbereitung der Démarche in Pretoria unter starkem Zeitdruck.[13] Ihnen war bekannt, daß die Südafrikaner ihr Projekt einer „internen Lösung" („Unabhängigkeit" Namibias Ende 1978) zügig vorantrieben und jetzt vollendete Tatsachen schaffen wollten, indem sie planten, schon am 20. Mai 1977 vom Kapstadter Parlament eine Interimsverfassung und die Einsetzung einer Interimsregierung beschließen zu lassen.[14]

Zum Hintergrund dieses Projekts ist Folgendes zusammenzufassen:

Im September 1975 war auf Initiative Pretorias in der „Turnhalle" in Windhuk eine Versammlung, die eine Verfassung entwerfen sollte, zusammengetreten. Die große „Kaiserliche Deutsche Turnhalle" gehörte zu einer Sportanlage aus der Kolonialzeit und war für Konferenzzwecke umgestaltet worden. Auf der Linie des Odendaal-Plans von 1962 war in Namibia die dem Südafrika-System der Bantustanisierung entsprechende Zertrennung der nicht-weißen Bevölkerung nach ethnischen Kriterien und die Zuweisung von „Homelands" an die Schwarzen weit fortgeschritten. Nach dieser Aufteilung sollte fast die Hälfte des gesamten Territoriums den Weißen verbleiben, die damals nur etwa 11 % der Bevölkerung stellten. Jetzt waren Delegierte aus zehn getrennten ethnischen Gruppen und Delegierte der Weißen in die Turnhalle in eine „National Assembly" einberufen worden. In ständig von Pretoria aus kontolliertem Verfahren hat diese Versammlung 1977 den gewünschten Entwurf einer Interimsverfassung geliefert, der als Grundlage für eine Interimsregierung gedacht war.[15] Das gesamte Turnhalleprojekt war weder für die VN, noch für die South West Africa People's Organization (SWAPO), noch für die KG akzeptabel. Es war mit SR 385 völlig unvereinbar. Unter anderem konnte eine „National Assembly" von 60 Mitgliedern, in der die Ovambos (ca. 50 % der Bevölkerung, weit überwiegend SWAPO-Anhänger) 12 Sitze, dagegen kleinere Gruppen wie z.B. die Rehoboth-Basters (ca. 2,5 %) 4 Sitze zugewiesen bekommen hatten, unmöglich als repräsentativ angesehen werden. Im Herbst 1977 schloß Pretoria die elf Gruppen zu einer Partei zusammen, der „Democratic Turnhalle Alliance" (DTA), in deren Leitung stets der Weiße Dirk Mudge die führende Rolle spielte.[16] „Turnhalle" blieb für die KG auf Dauer das Kennwort für den manipulierten Südafrika-Versuch, einen „client state organized along racial and tribal lines" zu gründen und eine faire VN-Regelung zu umgehen.[17] Die „interne Lösung" blieb noch für ein Jahrzehnt die von Südafrika zeitweise offen, sonst jedenfalls insgeheim geschäftig geförderte Präferenz. Jede SR 385-Perspektive wurde vom Apartheid-Regime nicht nur als Gewißheit des Verlustes der eignen Herrschaft über Namibia wahrgenommen, sondern vor allem als Anfang eines demokra-

---

13 DB 481 aus NY vom 16.3.1977 und DB 609 aus NY vom 28.3.1977.

14 DB 741 aus NY vom 14.4.1977.

15 Im Einzelnen dazu Brenke, a.a.O. S. 20-22; Jabri, a.a.O. S. 38-41.

16 Brenke, a.a.O. S. 22.

17 Vance, a.a.O. S. 273

tischen Ansteckungsprozesses und damit als Bedrohung der Herrschaft der Weißen in Südafrika selbst gefürchtet. Die Angst sollte sich als realistisch erweisen.

In der ersten Sitzung der Namibia-KG am 16. März 1977 hatten die Amerikaner den Entwurf eines Textes für die in Kapstadt auszuführende Démarche vorgelegt. Nach Beratung und mehreren Änderungen ist der Entwurf am 28. März den Hauptstädten zur Billigung übermittelt worden. Weisungsgemäß haben die fünf Botschafter in Kapstadt am 7. April die Démarche bei Premierminister John Balthazar Vorster unter Übergabe des Textes durchgeführt. Nach einer Zusammenfassung von SR 385 lautete dessen Abschnitt E:

> „The Governments wish to make it clear that in the absence of early South African agreement to pursue a settlement which will meet the foregoing principles and be internationally acceptable, the Govenments will be obliged to reconsider their previous positions regarding proposals for stern action by the United Nations and will be compelled to examine a new range of measures intended to obtain South African compliance with applicable resolutions of the United Nations Security Council concerning Namibia."

PM Vorster hat die Formel „stern action" sogleich als ernstes Signal verstanden und nicht gezögert, sich zur Aussprache mit einer KG-Delegation bereit zu erklären.

III. „Not entirely successfull"

Als die KG in New York am 12. April 1977 die Vorbereitung des nächsten Schrittes plante, wies der US-Vertreter auf eine Weisung des State Departments hin, wonach vorgeschlagen wurde, jetzt vorab mit dem VN-Vertreter Südafrikas einen Gedankenaustausch über die Verhandlungsziele zu führen. Im Einklang mit den anderen Vier hielt auch der amerikanische VN-Vertreter selbst diese Idee für nahezu abwegig. Die frühe Preisgabe der aktuellen KG-Absichten könnte alles weitere Vorgehen blockieren.[18] In Washington wurde dies später eingesehen.

Von dort aus sind am nächsten Tage Bedenken gegen Kapstadt als Ort der ersten KG-Begegnung mit Südafrika übermittelt worden. Ein neutralerer Ort, am besten New York, sei vorzuziehen. Die anderen Vier widersprachen und auch Don McHenry, Stellvertreter von Young, wandte sich gegen seine Zentrale. Es stehe wohl fest, daß die Fünf von Südafrika etwas wollten. Die Chance, der Einsetzung einer Interimsregierung in Windhuk zuvorzukommen, werde aufs Spiel gesetzt, wenn man jetzt erst einmal mit dem Aushandeln des ersten Begegnungsorts wertvolle Zeit vergeude. Es dauerte Tage, bevor das State Department einlenkte.[19]

18 DB 720 aus NY vom 12.4.1977

19 Zu diesem Zwischenspiel vgl.: DB 728 und 731, beide aus NY vom 13.4.1977 und DB 752 aus NY vom 15.4.1977.

Ziel der KG hatte zu sein: Vermeidung der Turnhalle-Interimsregierung und Durchführung von SR 385, also in erster Linie freie Wahlen unter VN-Kontrolle für eine verfassungsgebende Versammlung, Rückzug SAs aus Namibia, Freilassung politischer Gefangener, Rückkehrerlaubnis für aus politischen Gründen aus ihrem Lande ferngehaltene Namibier, Beseitigung rassisch diskriminierender Vorschriften.

Nachdem die KG ihr Konzept für die konkrete Verhandlungsführung ausgearbeitet hatte und von der Südafrika-Regierung der 27. April als Tag des Gesprächsbeginns akzeptiert worden war, sind nach Kapstadt aus New York entsandt worden:

Don McHenry (USA), James Murray (Großbritannien), Albert Thabault (Frankreich), Hans-Joachim Vergau (Deutschland) und Paul Lapointe (Kanada).

Dieses Quintett behielt in den Jahren 1977 und 1978 – in ständiger Abstimmung mit den entsprechenden Außenministerien – die tragende Rolle in den stets intensiven Vorbereitungsarbeiten und in nahezu allen wesentlichen Verhandlungen im Rahmen der Initiative. In den VN nannte man sie bald „the Gang of Five". Zusammen mit diesem Stamm-Quintett nahmen im Ausland stets die fünf lokalen Botschafter (soweit vorhanden) teil, und auch in New York beteiligten sich bei wichtigen Anlässen die fünf Leiter der VN-Vertretungen. Zuweilen, so auch bei den ersten Runden in Kapstadt, wurden zutändige leitende Beamte aus den Hauptstädten hinzugezogen.[20] In Einzelfällen traten die Außenminister selbst auf.

Die internen Verfahrensregeln der KG sind nie schriftlich fixiert worden. Ohne viel Diskussion galt bis zum Schluß, daß es in New York keinen Vorsitzenden gab, sondern daß den Vorsitz der übernahm, in dessen VN-Botschaft die jeweilige Sitzung stattfand. Der Tagungsort in New York rotierte zunächst. Später hat wegen der räumlichen Nähe zum VN-Sitz das meiste in den Vertretungen der USA und Kanadas und schließlich fast alles in der US-Vertretung stattgefunden. Gegenüber Verhandlungspartnern in Afrika und dortigen Medien rotierte die Sprecherrolle. In konsequenter Stetigkeit haben die Fünf detaillierte Sprechzettel („talking points") vorbereitet und nach jedem Verhandlungsabschnitt gemeinsame Ergebnisvermerke für die Hauptstädte verfaßt.

Am 27. April 1977 war in Kapstadt offensichtlich, daß für alle Südafrika-Medien der so ungewohnte Gruppenbesuch aus den Hauptstädten der bei weitem wichtigsten un-

20 Die Botschafter der Fünf in Südafrika waren: W.G. Bowdler (USA), Hans-Joachim Eick (Deutschland), J. Schricke (Frankreich), Sir D. Scott (Großbritannien), G.K. Grande (Kanada) Für D waren aus dem Auswärtigen Amt zu dieser Runde hinzugekommen: Walter Jesser (Afrika-Direktor), Helmut Müller (Leiter des Referats Südl. Afrika) Am deutschen Beitrag zum diplomatischen Gesamtwerk der KG 1977 bis 1990 haben an den jeweiligen Zentren des Geschehens zahlreiche Angehörige des Auswärtigen Dienstes in loyaler und dankenswerter Weise mitgewirkt, darunter: Karl Flittner, Wilhelm Haas, Uwe Hansen, Reinhard Hilger, Heinz-Norbert Holl, Leonhard Kremer, Wolfgang Massing, Hans-Ulrich Seidt, Cornelius Sommer, Ernst-Jörg von Studnitz, Christian Ueberschaer, Elisabeth Weiss. – Günter Wasserberg (Lusaka), Hans-Joachim Dunker (Luanda). Als deutsche Botschafter in Südafrika haben sich in hohem Maße verdient gemacht: Hans-Joachim Eick (1976 bis 1980) und Ekkehard Eickhoff (1980 bis 1982).

ter den für Südafrika noch verbliebenen internationonalen Partnern Sensationelles in sich barg. Am Eingang zum Regierungsgebäude fand sich die KG in Kameras und Mikrophone eingekesselt.

PM Vorster empfing die fünf Delegationen im Kabinettsaal, der sich unmittelbar neben seinem Büro befindet. Nach Begrüßung in überaus freundlichem Ton erklärte der PM mit engagiertem Nachdruck, das Problem gehe nicht nur den SR und Südafrika an, sondern vor allem „das Volk von Südwestafrika". Vertreter der Turnhalle stünden hier vor Ort zu Verfügung.

„I, for one, must in all sincerity impress upon you that you must not overlook these people. I strongly recommend you, talk to them." Seine – auf diesen Punkt nicht eingehende – dankende Erwiderung schloß der KG-Sprecher Don McHenry mit den von ihm spontan gewählten Worten:

> „We are seeking an understanding in line with positive SR proposals. For a long time all UN contacts with South Africa on Namibia have been bedevilled by controversy over certain legal issues. On those issues please let us from the outset agree to disagree – and set them aside."

Vorster quittierte das mit der Andeutung eines beifälligen Lächelns.

Der PM ging, und die Leitung übernahm AM Roelof F. Botha, dem sein Staatssekretär Brand Fourie und der Chief Legal Adviser J. D. Viall assistierten.

Der KG war nicht entgangen, daß die Turnhalle-Delegation in einem Nebenraum bereits wartend anwesend war. McHenry stellte gegenüber Botha klar, ein Kontakt zu Vertretern der Turnhalle in einem späteren Stadium sei nicht ausgeschlossen, parallel zu den Eröffnungsgesprächen käme er jedoch keinesfalls in Betracht. Botha gab sich grollend enttäuscht. Nachdem McHenry die Ziele der Fünf vorgetragen hatte, griff Botha sogleich die Forderung heraus, Südafrika solle die Einsetzung der Interimsregierung suspendieren. Zur deren unverzüglicher Einsetzung habe der PM sich „irrevocably committed". Sollten die Fünf sich dagegen festgelegt haben, so sehe er keinen Sinn darin, die Gespräche fortzusetzen. Nach KG-Zureden fuhr er fort, er wolle nicht ausschließen, daß der PM die Interimsverfassung dem Parlament in Kapstadt zunächst nicht vorlege. Die Interimsregierung sei dagegen doch nur ein „administrative arrangement". Sie sei im Interesse einer zentralgelenkten Verwaltung und wegen der gegebenen Zusagen absolut unverzichtbar. Da die KG nicht nachgab, drohte der Außenminister erneut mit Abbruch, setzte aber auf britische Einrede, es gebe noch andere wichtige Punkte zu erörtern, ein Nachmittagstreffen an.

Michael Shenstone (Kanada) als KG-Sprecher bat um konkretere Angaben zum „administrative arrangement". Bothas wortreiche Beschreibung stärkte den KG-Verdacht, daß es sich nur um das Turnhalle-Konzept unter anderem Namen handelte. Die KG bat um noch genauere Auskünfte in späterer Sitzung.

Zum Thema VN-Aufsicht über die Wahlen wies Botha auf die feste Überzeugung der Turnhalle hin, daß die VN parteiisch seien, was schon durch die aggressiven GV-Resolutionen, insbesondere die Qualifikation der SWAPO als „sole and authentic representative“ belegt werde. Die KG bestand darauf, daß der SR dieser Linie nie gefolgt sei. Sie wies jetzt – wie auch in der folgenden Sitzung – ausführlich auf Erfahrungen hin, wonach gewährleistet sei, daß der Generalsekretär (GS) mit behutsam ausgewähltem UNTAG-Personal eine faire VN-Rolle sicherstellen werde, und zeigte so schon in diesem Stadium viel Verständnis für das, erheblich später noch wesentlich konkreter anzugehende, Südafrika-Problem mit der VN-“impartiality“.[21]

Als Botha am Vormittag des 28. April erläutert hatte, das Parlament werde dem PM durch Gesetz ohne nähere Vorgaben freie Hand geben, die Interimsregierung durch Dekret einzusetzen, dann aber wiederum eine klare Abwendung vom ethnisch geprägten Konzept nicht garantierte, setzte Murray sich fast beschwörend dafür ein, Südafrika möge verstehen, daß hier nicht ein rechtliches sondern ein politisches Problem anstehe und daß Südafrika bei Schaffung vollendeter Tatsachen der KG in New York den Boden unter den Füßen wegziehe.

In der Nachmittagssitzung bestätigte PM Vorster den vorläufigen Verzicht auf die Inkraftsetzung der Turnhalle-Verfassung, bestand aber auf der Einsetzung einer „Central Administrative Authority“ (CAA) bis zu den Wahlen. Es sei daran gedacht, nach dem Vorbild der Interimsregierung einen Ministerrat (Vorsitzender und 11 Minister unter Beibehaltung des ethnischen Verteilers) einzusetzen, „praktisch eine Selbstverwaltungskörperschaft“. Auf die Frage nach dem Zeitpunkt erwiderte der PM, wobei er die ersten Worte wohl versehentlich preisgab: „If you give me green light I can establish it in a couple of weeks.“ Der KG war damit nicht geholfen. Als Murray zu erwägen gab, ob Südafrika nicht einfach einen südafrikanischen „Resident Administrator“ ernennen könnte, fragte Vorster mit Pathos, wo er „short of the Archangel Gabriel“ einen hierzu befähigten Mann herholen solle, und ob er dann nicht wegen Einsetzung eines Diktators angeklagt würde. Die KG stellte klar, daß sie zur Ausgestaltung der problematischen CAA noch weitere Südafrika-Auskünfte brauche.

Zur VN-Rolle gab Vorster sich im Prinzip flexibel, schloss aber die Hinnahme einer „Kontrolle“ aus. „The control formula would make my position impossible. I cannot sell this to my people. Man möge von „UN involvement“ sprechen.

Politische Gefangene könnten freigelassen werden, soweit sie nicht als Kriminelle verurteilt seien. Exil-Namibier könnten zurückkehren, wenn dies friedlich und ohne Waffen geschehe. Diskriminierende Vorschriften, falls es solche gebe, würden im Rahmen der Regelungen für die Wahlen beseitigt.

Mit Botschafter Hans-Joachim Eick (Deutschland) als KG-Sprecher begannen am 29. April die beiden diese Runde abschließenden Sitzungen. Er führte den von der KG vorbereiteten Entwurf eines gemeinsamen Ergebnisvermerks ein, worauf sich eine recht abstrakte Diskussion über die künftige wirtschaftliche Verantwortung für Nami-

---

21 Zu „impartiality“ vgl. Anhang D.

bia entspann. Sodann nahm Vorster Anstoß an den für den UN Special Representative (UN-SpR) vorgesehenen Kompetenzen. Es komme nicht in Frage, diesem die Regelungen für das Wahlverfahren zur Genehmigung („to approve“) vorlegen zu müssen und die Wahlen selbst seiner „supervision and control“ zu unterwerfen. Auch „to oversee“ oder „to monitor“ ginge zu weit. Nach langem Tauziehen ließ die KG es zögernd zu folgendem, fast ans Komische grenzenden Formelkompomiß kommen:

> „He would have to be satisfied as to the fairness of the regulations...“ und „he would have to satisfie himself, at all stages, as to the fairness of the campaign process as well as the election itself.“

Die Fünf empfanden bei dieser Konzession erhebliches Unbehagen, denn sie bedeutete ein Abweichen vom Wortlaut von SR 385. Sie ließen keinen Zweifel daran, daß für sie nichts daran vorbeiführe, in New York diese Formel als „supervision and control“ zu interpretieren.

Während McHenry im Schlußwort die Diskussionen „frank and useful“ und die erste Runde „not entirely successful“ nannte, gab Vorster sich dankbar für den Geist des Entgegenkommens. „I frankly think that we can all learn a lesson from this meeting and in the future refer to it. We achieved a great lot, and I sincerely hope you will be able to sell it.“[22]

Die KG hatte nicht versäumt, ihre nächsten Schritte den Südafrikanern offen anzukündigen, nämlich unverzügliche Kontakte mit allen, die zu informieren sie für zweckmäßig hielt. In erster Linie waren dies GS Kurt Waldheim, SWAPO, der künftige UN Special Representative Maarti Ahtisaari (Finne), der Namibiarat, der Vorsitzende des Anti-Apartheid-Ausschusses in den VN, die Frontlinienstaaten (FLS) und Nigeria, sowie in Windhuk die Turnhalle und andere interessierte Kräfte (z.B. die kleine, von einem Weißen geführte, gegen die Turnhalle gewandte Federal Party und Repräsentanten der Kirchen). Sie folgte damit ihrem auch später zu keinem Zeitpunkt vernachlässigten Prinzip der konsequenten Tansparenz als zwingender Voraussetzung der Vertrauensbildung. Insbesondere war ihr stets klar, daß sie schließlich von der Unterstützung des SR abhängen und außerdem zumindest für die Verabschiedung eines Haushalts für UNTAG auch auf die GV angewiesen sein würde. Von der afrikanischen Seite, insbesondere den FLS und Nigeria, das als damals stärkste Kraft innerhalb der Afrikagruppe stets mit einbezogen wurde, benötigte sie dringend Untertützung im Umgang mit SWAPO.

Alle diese Begegnungen zur Information haben zwischen 1. und 15. Mai 1977 stattgefunden. Die Reaktionen waren abwartend und auf afrikanischer Seite eher skeptisch, teilweise auch mißtrauisch und in Bezug auf die Turnhalle-Kontakte der KG ablehnend. In keinem Gespräch ist jedoch generelle Opposition gegen die Fünfer-Initiative vorgebracht worden.

---

22 Ablauf der ersten Runde in Kapstadt: DB 76 und DB 77 vom 27.4.1977, DB 80 und 81 vom 28.4.1977, DB an Referat 312 vom 29.4.1977, – alle aus Kapstadt

Ein besonders kritisches Partnergremium war jetzt und blieb stets der Namibiarat der Vereinten Nationen. Er bestand aus 11 Mitgliedern. Fast alle kamen aus den Reihen der Blockfreien, überwiegend aus Afrika. Nach Beendigung des Südafrika-Mandats im Jahre 1966 hatte die GV 1967 den Namibiarat gewählt und ihn beauftragt, Namibia zu verwalten und für die Unabhängigkeit vorzubereiten. Da Südafrika jedoch nicht wich und den Rat nicht anerkannte, verharrte dieser frustriert in New York, betrieb die radikale Verurteilung von Südafrika und dessen Geschäftspartnern und empfand die KG-Initiative als Eindringen in sein Revier. Die KG hielt den Namibiarat informiert, vermochte ihn aber ansonsten herauszuhalten.[23]

Grobe Ernüchterung erfuhr die KG am 26. Mai durch einen Bericht McHenry's über ein Treffen von US-Vizepräsident Mondale mit PM Vorster, das kurz zuvor in Wien stattgefunden hatte. Unbekümmert um seine der KG gegebenen Zusagen ließ Vorster u.a. die Absicht erkennen, in Namibia de facto doch das gesamte Turnhalle-Konzept zu oktroyieren. Beginn eines Südafrika-Rückzugs komme erst nach der Unabhängigkeit in Betracht. Merkwürdigerweise schien er es zugleich eilig zu haben mit einer zweiten KG-Runde in Kapstadt. Zutreffend schlußfolgert Vance:

> „... the South Africans intended to follow a two-track strategy: preparing the option of an internal settlement, while at the same time continuing to explore the possibilities for a wider solution."[24]

Für die Fünf lag auf der Hand, daß erheblich weitergehende Aufklärungen und Zugeständnisse SAs Voraussetzung jeder weiter ausgreifenden Vermittlung im Konflikt um Namibia waren. Sie mußten zurück nach Kapstadt.

IV. In der Turnhalle gehen die Lichter aus

Eine erneute Démarche der Botschafter in Südafrika vom 30. Mai 1977 erbrachte die Zustimmung Vorsters, vom 8. bis 10 Juni in Kapstadt weitere Gespräche mit der KG zu führen. Ziele der KG waren dabei in erster Linie, in den Fragen der Übergangsverwaltung (CAA), sowie der Gestaltung der VN-Rolle und des schrittweisen Abzugs der Südafrikaner eine mit SR 385 im Einklang stehende Regelung zu erreichen.[25]

In den Diskussionen am Morgen des 8. Juni, die wiederum von PM Vorster eröffnet, dann aber von AM Botha im Beisein von Staatssekretär Fourie und Rechtsberater

---

23 Zur vertrauensbildenden Transparenzarbeit der KG: DB 92 aus Windhuk vom 3.5.1977 , ferner DB 937, DB 938 und DB 941 vom 5.5.1977, DB 948 vom 6.5.1977, DB 957 vom 6.5.1977, DB 978 vom 10.5.1977, DB 982 vom 10.5.1977, DB 999 vom 11.5.1977, – alle aus NY – Gründung des Namibiarats: GA/Res 2248 (S-V) vom 19.5.1967; vgl. auch Brenke, a.a.O. S. 15; Auflösung des Namibiarats A/Res/44/243 vom 11.9.1990.

24 Vance, a.a.O. S. 278; vgl. auch DB 1139 aus NY vom 26.5.1977

25 DB 1197 aus NY vom 2.6.1977.

Viall geleitet wurden, mußten sich die Fünf[26] den hartnäckigen Versuchen Bothas widersetzen, an einer rein namibischen CAA mit maßgebender Rolle der ethnisch aufgeteilten Turnhalle-Abgeordneten festzuhalten und Lösungen abzuwehren, die eine klare Verantwortung SAs für die Verwaltung im Übergangsprozeß garantierten. Dabei wurde klar, daß nicht so sehr die Zusagen an die Turnhalle, sondern stärker noch die Bedenken ausschlaggebend waren, mit Apartheid unvereinbare Maßnahmen, zum Beispiel die Beseitigung rassisch diskriminierender Vorschriften in Namibia, könnten die Systemstabilität in Südafrika selbst umso leichter ins Wanken bringen, je offenkundiger sie in Windhuk von einer Südafrika-Autorität ausgingen.

Nebenbei hatte die Südafrika-Seite die Zugehörigkeit von Walvis Bay zur Kap-Provinz behauptet, worauf die KG nachdrücklich empfahl, diese Frage jetzt durch keine weiteren Staatsakte zu präjudizieren, sondern sie für spätere Verhandlungen offen zu halten.

Vorster selbst gab sich am Nachmittag heftig erregt, als er groteskerweise behauptete, die Turnhalle habe mehr für die friedliche Lösung geleistet als die Fünf, die VN und Südafrika zusammen; nur über sie sei die Wahrung der territorialen Einheit möglich. „You are shooting down Turnhalle thus allowing me to pull out of South West Africa straight away regardless of the consequences or to go ahead with Turnhalle regardless of the international reaction!“ Dabei versuchte er ständig zu suggerieren, die KG riskiere den Abbruch der Runde.

Kurz vor Aufhebung der Sitzung wurde AM Botha in den Nebenraum ans Telefon gerufen. Als sich sein Telefonat hinzog, ging der PM ihm nach. Die allein gelassenen Fünf warteten gespannt. Dann kam nur Botha zurück und deklamierte in bühnenreifer Dramatik:

Die Lage habe sich zugespitzt. Die Turnhalle-Delegierten lehnten definitiv jede Art CAA ab, der nicht die 11 ethnischen Vertreter aus der Turnhalle angehörten und die etwa die Zahl von 17 Mitgliedern übersteige.

In die Bestürzung der Fünf hinein rief er, es gebe da noch eine andere Entwicklung: Der PM halte für möglich, von seinem „commitment“ entbunden zu werden und statt CAA nur einen südafrikanischen Generalverwalter („Administrator General“) einzusetzen. Mehr dazu komme am nächsten Tage.

Tatsächlich verkündete Vorster dasselbe am 9. Juni und führte aus, der Generalverwalter (GenV), den er schon im August einsetzen wolle, werde sich unparteiisch zu verhalten haben; es sei kein politisch orientiertes Beratungsorgan vorgesehen. Bis dahin solle auch der UN-SpR mit seiner Mannschaft zur Stelle sein. Ende Dezember 1977 hätten die Wahlen stattzufinden, denn unmöglich könne man die Namibier dem von der KG jetzt provozierten politischen Schwebezustand, „einem Zustand der politischen Leere“, länger aussetzen.

26 Zusammen mit dem Quintett teilnehmende Botschafter der Fünf wie Anm. 20.

Die KG riet hinsichtlich des Kalenders zu mehr Realismus. Sie müsse jetzt die schwierige Aufgabe angehen, das Konzept mit seinen nunmehr neuen Elementen in den VN, vor allem im SR, zustimmungsfähig zu machen. Der GS werde keinesfalls die Vorbereitung von UNTAG ohne vorheriges SR-Mandat beginnen.

Es konnte in dieser Runde noch ein erhebliches Maß an Einigung zur Gestaltung der VN-Rolle erreicht werden, während man in der daneben hauptsächlich entscheidenden Frage des Südafrika-Rückzugs nur wenig konkrete Annäherungen erzielte. Auch andere Forderungen gemäß SR 385 konnten nicht abschließend erledigt werden. Am 10. Juni ist in zähen Auseinandersetzungen mit Vorster ein vertraulicher Ergebnisvermerk ausgehandelt worden. Darin wird als Gesprächsergebnis auch festgehalten, daß alle im Rahmen des Übergangsprozesses rassisch diskriminierenden Vorschriften durch den GenV (also doch von den Südafrikanern selbst) beseitigt werden sollten. Südafrika legte sich darauf fest, die Freilassung politischer Gefangener aus Namibia in den FLS zur Bedingung für die der eigenen Gefangenen zu machen, wogegen die KG den Standpunkt vertrat, überall sollten politische Gefangene freikommen und sie werde sich überall darum bemühen, es gehe aber nicht an,

> „... that the release of such persons in one country should be contingend on the release of persons elsewhere".[27]

Nach Abschluß der Runde war für die KG klar, daß mit der vollständigen Ausschaltung der Turnhalle zwar ein ermutigender Fortschritt erreicht war, daß aber noch hohe Hürden genommen werden mußten. Sie sorgte wie nach der ersten Runde wiederum für Unterrichtung aller wichtigen Interessenten, wobei sie den Inhalt zielgerichtet differenzierte und einen praktisch ganz Afrika umfassenden Kreis einbezog. Die afrikanischen Reaktionen blieben in loyaler Beachtung der Anliegen SWAPOs überwiegend skeptisch, ohne jedoch frontal gegen die KG-Bemühungen Stellung zu beziehen.

GS Waldheim, der sich stets im Strom einer sicheren VN-Mehrheit aufgehoben wissen wollte, berief sich noch wochenlang in legalistischer Einseitigkeit auf die herkömmliche Beschlußlage in SR und GV (Zuständigkeit des Namibiarats / Südafrika-Präsenz in Namibia, und damit auch ein Südafrika-Generalverwalter, illegal) und verharrte auf dem Einwand, daß die bisherigen Resultate als Grundlage eines ihm unentbehrlichen, konkreten SR-Mandats zur Vorbereitung von UNTAG nicht ausreichten. Er verschloß sich der KG-Anregung, zunächst SR 385 zur Grundlage zu nehmen und unabhängig vom Namibiarat einen Mitarbeiter seines Vertrauens ad personam zum UN-SpR zu ernennen.[28] Bei der KG blieb schließlich der Eindruck, daß sie selbst durch eigene Vorschläge betreffend UNTAG den VN-Prozeß vorantreiben

---

27 Ablauf der zweiten Runde in Kapstadt: DB vom 7.6.1977 (Delegationsbericht Nr.1 an Ref 312); DB 108 vom 8.6.1977; DB 109 vom 8.6.1977; DB 111 vom 9.6.1977; DB 113 vom 9.6.1977; DB 114 vom 10.6.1977; DB 115 vom 11.6.1977 – alle aus Kapstadt -.

28 DB 1339 aus NY vom 17.6.1977; DB 1581 aus NY vom 13.7.1977; DB 1622 aus NY vom 21.7.1977.

mußte. Außerdem kam es jetzt entscheidend darauf an, SWAPO für eine erste intensive Konsultation zu gewinnen.[29]

Eine offizielle Unterrichtung in Windhuk unterblieb mit Rücksicht auf die vehementen afrikanischen Proteste nach dem letzten Fall. Der führende weiße Turnhalle-Repräsentant Dirk Mudge ist in New York informiert worden, wobei er eine künftige Wahlkampfrolle der Turnhalle-Parteien in einer Allianz unter seiner Leitung (DTA) skizzierte. Bei Mudge klang die Spekulation durch, die offenbar auch stets eine Leitvorstellung der Südafrikaner bei allen ihren Konzessionen gewesen ist, nämlich daß die KG ohnehin an SWAPO und der Afrikagruppe scheitern werde.[30] Einen Dämpfer hierauf hätten alle vielleicht einem Schreiben des SWAPO-Präsidenten Sam Nujoma entnehmen können, der in Reaktion auf seine Unterrichtung in Lusaka am 22. Juni an die VN-Vertretung der USA immerhin geschrieben hat: „Concerning the current talks of the Contact Group of the western five members of the Security Council with South Africa regarding Namibia and their efforts to keep SWAPO informed about finding a basis for a negotiated settlement of the Namibian problem, SWAPO wishes to state the following:

1. These talks must always be within the framework of the UN for the sole purpose of the full implementation of all the outstanding resolutions and decisions of the UN on Namibia, especially SR 385 (1976).
2. In this context, SWAPO appreciates the efforts of the Contact Group and urges all the other states, members of the UN, to facilitate individually and collectively the success of this undertaking.
3. SWAPO would, however, like to advise strongly that in so far as contacting or briefing SWAPO wether internal or external by the Contact Group is concerned this must now be centralised and restricted to our Permanent Observer Mission to the UN in New York. In this connection, SWAPO has designated comrade Theo-Ben Gurirab, who is a member of the National Executive Committee and also our Permanent Observer Representative there. Henceforce all dealings by the Contact Group with SWAPO must be only through him.

In conclusion, accept, Sir, the assurances of our highest consideration.
Sincerely yours
Sam Nujoma „[31]

29 DB 1390 aus NY vom 22.6.1977
30 1284 aus NY vom 13.6.1977; DB 1383 aus NY vom 22.6.1977
31 DB 1420 aus NY vom 27.6.1977

V. Aus SWAPO-Sicht gehört alle Macht den Vereinten Nationen

Seit langem hatte SWAPO auf der ihr 1976 im Widerspruch zu SR 385 von der GV bestätigten Position bestanden, sie sei „sole and authentic representative of the Namibian people“ und könne den „immediate transfer of power“, wenn nicht an SWAPO selbst, dann jedenfalls an die VN fordern.[32] Die KG hatte es stets nur mit dieser einen Befreiungsbewegung zu tun.

Sam Nujoma traf am 6. August 1977 mit 9 SWAPO-Delegierten , darunter Gurirab und weitere Mitglieder des „Executive Committee“, in New York ein. Die Verhandlungen mit der KG fanden vom 8. bis 11. August im Ralph Bunche Institute, Fifth Avenue/Ecke 42. Straße, statt. Die KG hatte diesem eher neutralen Ort den Vorzug vor einem dem VN-Betrieb physisch ausgesetzten Versammlungsraum oder einer ihrer VN-Vertretungen gegeben.

Aus der einleitenden Grundsatzerklärung Nujomas vom 8. August ist auszugsweise festzuhalten:

> „... It is our considered opinion, however, that to date nothing substantial has been achieved which would warrant optimism on our part. If anything, the developments thus far have confirmed our grave doubts about South Africa‘s sinceritiy and readiness to end her occupation of Namibia.
>
> ... The agreement concerning the so-called Administrator General has nothing to do with SR 385; and the very fact that Südafrika has gone ahead with the appointment of the so-called Administrator General without reference to the UN is a clear indication that the whole exercise is beeing deliberately conducted outside the framework of SR 385. Furthermore, the calculated coining of a new concept of UN „involvement“ as opposed to UN supervision and control is another clear indication that there is an attempt to evade UN’s full and explicit role in the solution of the conflict.
>
> ... South Africa must publicly annouce in categorical terms that it will fully respect and observe the territorial integrity of Namibia.
>
> ... South Africa must undertake publicly to withdraw all her armed forces from Namibia as a precondition to the holding of elections. South Africa must unreservedly accept the principle of free elections in Namibia based on universal adult suffrage.

32 Die GV hatte SWAPO schon in Resolution 28/3111 vom 12.12.1973 als „authentic representative“ bestätigt. Im Einklang mit der OAU sind ihr dann in der 31. GV am 20.12.1976 in Res.31/146 das Prädikat „sole and authentic“ und in Res. 152 der Beobachterstatus zuerkannt worden. Zur deutschen Einschätzung der SWAPO zu dieser Zeit vgl. DB 2188 vom 24.9. und DB 3426 vom 3.12.1976, beide aus NY..

> ... Upon South Africa publicly committing herself to the principles above, talks will then be held between SWAPO, UN and South Africa on the mechanics and modalities involved in the achievement of independence.
>
> After South Africa has publicly undertaken to withdraw all her forces from Namibia, a logistical program for such withdrawal will be discussed. SWAPO appreciates the fact, that such withdrawal can reasonably not take place over night and, that in order to create a climate of peace leading to peaceful transition,
>
> ... such withdrawal should be inter-changebly phased out, that is, the UN peacekeeping force taking over the positions of the withdrawing South Africa armed forces. This process should start immediately and should not take more than three months from the date of agreement on the withdrawal of all South Africa armed forces. During this withdrawal period, the UN moves its administrative machinery into the country to take over the administration and public security and embarks on the organization for elections.
>
> SWAPO commits itself to fair, genuine and democratic elections under UN supervision and control.
>
> ... such elections should take place after the conditions on withdrawal of the armed forces as stipulated above have been fulfilled....“

In der Aussprache am 9. August beharrte Nujoma auf allen diesen Positionen, insbesondere darauf, die Herrschaft Südafrikas müsse schnellstens abgelöst werden durch eine uneingeschränkte Herrschaft der VN. Funktionen und Vollmachten des UN-SpR müßten schwarz auf weiß definiert werden, gegenüber dem GenV müsse er ein „Veto-Recht“ haben. Zum letztgenannten Punkt gelang es der KG noch, verständlich zu machen, daß auch nach ihren Vorstellungen der GenV nicht ohne Zustimmung des UN-SpR würde handeln können. Insgesamt empfahl die KG realistisches Augenmaß: Ungeachtet der VN-Dogmatik liege es jetzt auch im Interesse der SWAPO, Südafrika zu einer einvernehmlichen Lösung, also zu freiwilligem Nachgeben zu bewegen. Als positiv anzumerken blieb, daß mit der Bejahung demokratischer Wahlen von der Anmaßung eines Alleinvertretungsanspruchs abgegangen worden war.

Am 10. und 11. August konnte die Hinnahme eines – stets mit Billigung (“approval“) des UN-SpR vorgehenden – GenV erreicht werden. Dies gelang nur mit Mühe, zumal Vorster die KG-Empfehlung, eine Bekanntgabe betreffend einen GenV zu koordinieren mit der Ernennung des UN-SpR, mißachtet und schon am 6. Juli 1977 den Südafrikaner Marthinus Steyn (Richter) als GenV öffentlich angekündigt hatte. Dessen formelle Einsetzung trat mit dem 1. September in Kraft.

SWAPO bot einen Waffenstillstand an. Danach sollten die noch verbleibenden Südafrika-Truppen in einen VN-überwachten Stützpunkt zusammengezogen werden. Auch für SWAPO-Kämpfer innerhalb Namibias komme derartiges „confinement to bases“ in Betracht. Offen blieb das Problem der Kontrolle über SWAPO-Einheiten in Angola und Sambia. Jedenfalls müßten restlos alle Südafrika-Militärs Namibia vor Beginn des Wahlkampfs verlassen haben. Die Polizei, die unter Aufsicht in Funktion bleiben könne, und para-militärische Sicherheitskräfte seien zu entwaffnen. Was die VN-Präsenz angehe, so genüge nicht etwa nur der Einsatz nicht kampffähiger militärischer „Beobachter", sondern eine etwa 5000 Mann starke, schlagkräftige „Peace-keeping Force" sei hereinzuführen. SWAPO werde den GS jetzt nicht selbst um UNTAG-Vorbereitung bitten. Vor jedem tatsächlichen VN-Einsatz in Namibia sei ein SR-Mandat unerläßlich. SWAPO habe aber nichts dagegen einzuwenden, daß der GS schon jetzt mit Vorausplanungen beginnt und sich dabei auf SR 385 stützt.[33]

GS Waldheim zeigte sich im Lichte dieses Ergebnisses bereit, auch ohne weiteres SR-Mandat die Vorausplanungen für UNTAG beginnen zu lassen.[34]

Am 19. August 1977 unterrichteten die fünf Botschafter in Pretoria die Südafrika-Regierung in ihrer dritten Démarche über dieses Ergebnis. Als nunmehr vordringlich stellten sie heraus, daß von Südafrika eine konkrete Planung der Phasen des Abzugs seiner Streitkräfte vorgelegt wird. Auch die FLS und Nigeria sind in ihren Hauptstädten voll informiert worden.[35]

VI. Pretorias Jonglieren mit seinen Truppenzahlen

Als Ergebnis einer vierten Démarche am 12. September konnte in Pretoria eine dritte Runde mit Südafrika, beginnend am 22. September, vereinbart werden.[36]

PM Vorster begann die Gepräche überraschend mit der im Lichte der beiden vorangegangenen Runden unhaltbaren Behauptung, von einem Abzug südafrikanischer Truppen sei bisher nie die Rede gewesen. Vor Einsetzung einer neuen Regierung im unabhängigen Namibia komme dergleichen nicht in Betracht („totally unacceptable!"). Demgegenüber hat AM Botha in den unter seiner Leitung stehenden Sitzungen vom 23. September schriftlich vorgeschlagen: Schrittweiser Südafrika-Tuppenrückzug in dem Maße, in dem die Bedrohung durch SWAPO und sonstige von Angola aus operierende Kräfte vermindert wird. Hierzu wurden folgende Erläuterungen gegeben:"

> The presence of substantial Cuban forces on the Angolan side.... With the present South African forces in South West Africa, we are satisfied that no Cuban move against the territory would take place. However, as long as the Cubans are there, it would be irresponsible not to provide for possible incursions."[37]

Die Kubaner müßten das Gebiet südlich der Benguela-Bahnlinie räumen.

---

33 Ablauf der ersten SWAPO-Runde: DB 1757 vom 8.8.1977; DB 1770 vom 9.8.1977; DB 1776 vom 10.8.1977; DB 1790 vom 11.8.1977; DB 18o1 vom 12.8.1977 – alle aus NY -.

34 DB 1871 aus NY vom 23.8.1977

35 DB 1835 aus NY vom 17.8.1977; DB 1841 aus NY vom 18.8.1977; DB 1910 aus NY vom 29.8.1977.

36 Zusammen mit dem Quintett teilnehmende Botschafter der Fünf wie oben Anm. 20. Bonner Afrika-Direktor war vom September 1977 bis September 1979 der aktive und stets gedankenreiche Helmut Müller (sein Nachfolger bis 1984 Wilhelm Haas); Müller nahm an dieser Südafrika-Runde und an mehreren der späteren Verhandlungen teil.

37 DB 391 aus Pretoria vom 25.9.1977

Außerdem befänden sich beachtliche SWAPO-Kräfte in Angola in bedrohlicher Nähe zur Grenze. Diese müßten hinter eine Grenze nördlich von Mocamedes-Serpa-Pinto zurückverlegt und dort überwacht werden. Alle gewaltsamen SWAPO-Aktivitäten in Namibia müßten eingestellt werden. Unter diesen Voraussetzungen könnten Südafrika-Truppen (20.000 Mann) in ihren jetzigen Stützpunkten, womöglich unter Aufsicht von „UN-Observers", konzentriert gehalten werden. Diese Truppen könnten schrittweise bis auf 8.000 reduziert werden, welche bis nach den am 31. Januar 1978 abzuhaltenden Wahlen im Lande zu verbleiben hätten. Würden die Kubaner zurückverlegt, so könnte diese Zahl noch weiter reduziert werden.

Um den Fortgang der Runde zu retten, betrauten die Delegierten der Fünf ihr Stamm-Quintett mit einer vermittelnden Abendaussprache mit AM Botha und Staatssekretär Fourie in dessen Wohnung. Botha versicherte hier, im Rahmen der schrittweisen Reduktion würden auch die para-militärischen Verbände aufgelöst („commandos will be demobbed", über in Bantustans aufgezogene „regionale Sicherheitskräfte" werde der GVerw im Einvernehmen mit dem UN-SpR verfügen). Mit den 8.000 Mann seien nur noch reguläre Truppen gemeint. Echte Militäreinheiten der VN seien nicht akzeptabel und die Zahl des VN-Personals müsse begrenzt bleiben („not into the thousands"). Für die Überwachung sei nur an ein „UN military observer team" unter Aufsicht des UN-SpR zu denken. Die KG warnte vor unrealistischen Plänen bei Zahlen und beim Wahldatum.

Vor der Sitzung vom 24. September hatten die Fünf ermittelt, daß Südafrika insgesamt nur 8.000 Mann reguläre Truppen in Namibia im Einsatz hatte. Sie hielten Botha in der Sitzung vor, die angebotene Reduktion beschränke sich also im wesentlichen auf Reservisten und para-militärische Kommandos, die innerhalb von 2 Stunden reaktiviert werden könnten. Irritiert lenkte Botha ein und versprach weitere Klarstellungen. Er schien auch an der utopischen Forderung hinsichtlich der Kubaner-Verlegung nicht festhalten zu wollen, sondern bat insoweit nur um Verständnis für angebliche Sorgen um die Sicherheit Namibias. Außer in diesem frühen Stadium sind die Südafrikaner im gesamten KG-Verhandlungsprozeß nie mehr auf die Kubaner-Präsenz zu sprechen gekommen.

Veranlaßt durch öffentliche Erklärungen PM Vorsters hat die KG erneut ihre Vorbehalte gegenüber der Südafrika-Position zum Status von Walvis Bay zum Ausdruck gebracht.

Die Fünf legten einen Zeitplan für alle notwendigen VN- und Südafrika-Schritte vor, wonach die Wahlen zu einer verfassungsgebenden Versammlung für den 1. Juli und die Unabhängigkeit für Dezember 1978 vorgesehen werden sollten. Außer der Zustimmung zu der vom GS vorgesehenen Ernennung von Martti Ahtisaari zum UN-SpR reagierte Botha abweisend. Angesichts aller dieser Zumutungen sei Südafrika nicht weiter an einer international gestützten Lösung interessiert. In der Öffentlichkeit wurde die kühne These verbreitet, Sanktionen könnten Südafrika nicht zur Kapitulation zwingen.

In der KG blieb über die sich abzeichnende Krise keine Illusion. Sollte Pretoria jetzt in der Tat annehmen, Sanktionen seien tragbar und die internationale Isolation sei unabwendbar, so entfielen die beiden Südafrika-Hauptmotive für ein konstruktives Eingehen auf die KG-Initiative. Tatsächlich konnte von derartiger Gelassenheit gegenüber dem Kapitel VII-Gespenst keine Rede sein. Wohl aber spielte bei den Südafrikanern die Berechnung mit, im Westen, vor allem in den USA und in der Bundesrepublik Deutschland, gebe es eine mächtige schweigende Mehrheit von Sympathisanten, die man über den Kopf ihrer irregeleiteten Regierungen hinweg direkt ansprechen und zu Verbündeten für einen toleranteren Umgang mit dem Apartheid-System gewinnen könnte. Die Fünf ließen nichts unversucht, um Botha die katastrophalen Folgen vor Augen zu führen, die ein Scheitern der Initiative in den VN haben würde.

Am Montag, dem 26. September 1977, wartete Botha mit neuen Vorschlägen auf. Zum Rückzug liefen sie darauf hinaus, Südafrika wolle bis Februar 1978 ihre „aktiven" Truppen auf 1.400 (konzentriert im nördlichen Stützpunkt Oshivelo) reduzieren. Diesen müßten allerdings weitere 2.600 Soldaten als „Hilfspersonal" (Versorgung, Überwachung der vielen anderen Militärstützpunkte etc.) zur Verfügung bleiben. Südafrika müsse in Rechnung stellen, welche Streitkräfte in Südangola nahe der Grenze stünden. Wenn die Fünf den Vorschlag, diese weiter nach Norden zu verlegen, weiterhin nicht aufgreifen wollten, so brauche Südafrika zumindest Zusicherungen über die Art der Überwachung jener Truppen. Soweit bewaffnete SWAPO-Einheiten sich dort frei bewegten, sei jederzeit mit Aggressionen über die Grenze zu rechnen. Als spätest möglichen Wahltermin nannte Botha jetzt Ende März 1978.

In der Schlußsitzung am Nachmittag des 26. September unter Vorsitz von PM Vorster unterblieb zwar eine förmliche und ultimative Festlegung auf diese Vorschläge, doch entließ der PM die KG ohne jedes Signal einer Aussicht auf weiterführendes Einlenken.[38]

In New York gelang es der KG am 5. Oktober in einer Sitzung mit Vertretern aus Angola, Sambia, Botswana, Tanzania, Mosambik und Nigeria, den Afrikanern den Eindruck zu vermtteln, daß der neue Sachstand trotz aller Unzulänglichkeiten doch weitere Verhandlungen als sinnvoll erscheinen ließ und eine neue Begegnung mit SWAPO rechtfertigte.[39]

GS Waldheim wurde am 7. und der Namibiarat am 11. Oktober unterrichtet.

Für den 14. Oktober war der Beginn einer zweiten Runde mit SWAPO in der New Yorker VN-Vertretung der Bundesrepublik Deutschland (damals 600 Third Avenue) vorgesehen. Überraschend lehnte Nujoma diesen Verhandlungsort im letzten Moment ab mit der Begründung, SWAPO werde die Vertretung eines Staates, der in Windhuk

38 Ablauf der dritten Runde mit Südafrika: DB 387 vom 23.9.1977; DB 391 vom 25.9.1977; DB 392 vom 25.9.1977; DB 393 vom 25.9.1977; DB 396 vom 26.9.1977 – alle aus Pretoria -.

39 DB 2354 aus NY vom 6.10.1977.

ein Konsulat unterhalte, nicht betreten.[40] Die Runde wurde in die VN-Vertretung von Großbritannien verlegt. Die SWAPO-Delegation bestand aus Präsident Sam Nujoma, Hidippo Hamutenya, Theo-Ben Gurirab, Shihepo, Tjiriange, Bomani. Auf KG-Seite führte das Stamm-Quintett die Verhandlungen, wobei es wiederum von Afrikaexperten aus den Hauptstädten unterstützt wurde. Mit Murray (Großbritannien) kam von seiner VN-Vertretung Tom Richardson, ein junger, herausragend gedankenreicher Assistent, der 1977/78 ständig vor allem zu den schriftlichen KG-Unterlagen einen wesentlichen Beitrag geleistet hat. Die kanadische VN-Vertretung schickte außer dem bewährten Paul Lapointe die jetzt und auf lange Zeit konstruktiv hilfreiche Verona Edelstein mit ins Rennen. Zeitweise waren auch die Leiter der fünf VN-Vertretungen anwesend.

Nach Unterrichtung über die dritte Runde in Pretoria wurde die Sitzung vertagt.

Am 15. Oktober wiederholte Nujoma die Bereitschaft zu einem förmlichen Waffenstillstand. Alle Südafrika-Truppen müßten Namibia vor Beginn der Wahlkampfvorbereitungen verlassen haben, möglichst bis zum 31. Januar 1978, bei gleichzeitigem Einrücken von VN-Friedenstruppen. Verbleibende Südafrika-Resttruppen seien untragbar, da sie nach den vielen Jahren terroristischer Unterdrückung derart einschüchternd auf die Bevölkerung wirkten, daß von fairen Wahlchancen für alle keine Rede sein könnte. SWAPO-Kämpfer sollten in Stützpunkte innerhalb Namibias zusammengezogen und unter VN-Aufsicht gestellt werden. Soweit die Verwaltung mit der Organisation der Wahlen zu tun habe, müsse alles im Einvernehmen mit dem UN-SpR vollzogen werden. Diesem obliege auch die Aufsicht über die gesamte sonstige Verwaltung. Die Rolle des GenV habe nur darin zu bestehen, „Fragen zu beantworten". Der politische Prozeß solle sich ab Dezember 1977 in 9 Monaten vollziehen, also im August 1978 durch die Unabhängigkeit abgeschlossen werden.

SWAPO lehne Wahlen zu einer Verfassungsgebenden Versammlung ab. Es gehe ausschließlich um die Wahl der Partei, welche die neue Regierung zu bilden habe. Deren Parteiprogramm werde dann die neue Verfassung darstellen.

In weiteren Sitzungen am 17. und 19. Oktober konnten wesentliche SWAPO-Zugeständnisse nicht erreicht werden. Immerhin konnte die KG durch ihr offenbar ehrlich interessiertes Zuhören und das Offenlegen der harten Südafrika-Positionen das Vertrauen in ihre unparteiische Vermittlerrolle stärken und Verständnis für das Ausmaß ihrer Schwierigkeiten wecken. Auch blieb der Eindruck, daß zum frühen vollständigen Südafrika-Rückzug das letzte Wort noch nicht gesprochen war. Hamutenya hat dem deutschen Quintett-Mitglied in späterem vertraulichen Gespräch angedeutet, SWAPO könne sich wohl mit dem Verbleib eines kleinen Südafrika-Restkontingents

40 Das Konsulat der Bundesrepublik Deutschland hatte unvermeidlich bei der Südafrika-Regierung akkreditiert zu sein und war daher unvereinbar mit der in den VN fast einhellig eingenommenen Position, daß die Präsenz SAs in Namibia illegal sei. Vgl. SR 276 (1970); bestätigt durch IGH-Gutachten von 1971.

unter VN-Bewachung abfinden, wenn dieses in einem Stützpunkt kaserniert werde, der nicht wie Oshivelo im nördlichen Grenzgebiet liege, „vielleicht in Grootfontein“.[41]

Die Fünf hatten bereits am 13. Oktober beschlossen, in Pretoria eine fünfte Démarche durchführen zu lassen, die nicht als Konsequenz aus der SWAPO-Runde erscheinen, also gleichzeitig stattfinden sollte. Dazu kam es am 17. Oktober bei AM Botha. Den Südafrikanern wurde nachdrücklich erläutert, daß ihre bisherigen Positionen zu den Zahlen und zur Stationierung und Versorgung verbleibender militärischer Südafrika-Kräfte (insgesamt 4.000) nicht annehmbar seien. Auch bedürfe es klarer Zusicherungen, daß die zwar in Namibia beheimateten, aber militärisch für Südafrika verfügbaren „commandos“ und „citizen forces“ plus etwa 1.600 „regional forces“ effektiv entwaffnet würden, was unter VN-Kontrolle zu geschehen habe. Allein hierzu sei militärisches VN-Personal unentbehrlich. Außerdem wurde Südafrika davor gewarnt, eigenmächtig ein frühes Wahldatum anzuordnen. Nach insgesamt abwehrender Reaktion Bothas erhielten die Fünf am 21.Oktober eine schriftliche Südafrika-Stellungnahme, in der insbesondere die angebliche Unverzichtbarkeit des Endverbleibs von 4.000 noch detaillierter dargestellt wurde. Am Schluß wurde jedoch die von militärischen Kräften in Angola in unmittelbarer Nähe der Grenze ausgehende Drohung erneut als Hauptmotiv für die hohe Zahl bezeichnet. „If the threat were shown to be minor, one could argue that South African forces could be reduced still further.“[42]

Daraufhin traten die fünf Botschafter in Pretoria am 21. November 1977 bei Staatssekretär Fourie zu einer sechsten Démarche an. Die KG signalisierte nun ihre Entschlossenheit, alsbald unter Auswertung der Positionen, zu denen Südafrika und SWAPO sich schließlich würden durchringen können, ein Kompromißpaket selbst zu erarbeiten. Noch reichten jedoch die Annäherungen hierzu nicht aus. Südafrika komme an der Einsicht nicht vorbei, daß die generelle militärische Konstellation in Angola in den Augen der internationalen Gemeinschaft nicht als Rechtfertigung für den Verbleib hoher Südafrika-Truppenzahlen in Namibia in Betracht kommen könne. Was dort befindliche SWAPO-Einheiten angehe, wolle die KG mit Angola zu einem Einvernehmen über angemessene Kontrollen gelangen. Sie verstehe auch die Sorgen SAs in Bezug auf die Sicherheit innerhalb Namibias und sei bereit, sich bei den FLS und bei SWAPO selbst um die Hinnahme eines begrenzten Südafrika-Kontingents zu bemühen. Dieses überaus schwierige Vorhaben sei aber zum Scheitern verurteilt, wenn Südafrika nicht die Truppenzahl und deren Sammelpunkte erheblich reduziere und angemessene militärische VN-Kräfte hinnehme.

41 Ablauf der zweiten SWAPO-Runde: DB 2447 vom 12.10.1977; DB 2491 vom 14.10.1977; DB 2497 vom 15.10.1977; DB 2514 vom 17.10.1977; DB 2590 vom 20.10.1977 – alle aus NY –.

42 Démarchen in Pretoria am 17. und 21. Oktober 1977: DB 2468 vom 13.10.1977; DB 2494 vom 14.10.1977; DB 2496 vom 15.10.1977 – alle aus NY – ; DB 448 aus Pretoria vom 21.10.1977.

Staatssekretär Fourie blieb in der Form auffallend verbindlich und um den Eindruck der Verständigungsbereitschaft bemüht, ließ aber nicht die geringste Hoffnung auf derartige Konzessionen Pretorias aufkommen.[43]

VII. Der Sicherheitsrat sendet Pretoria ein Warnsignal

Mit guter Stimmung hatte die KG nicht gerechnet. Gerade hatte der SR Pretoria eine bittere Lektion erteilt. Einstimmig war am 4. November 1977 ein mandatorisches Waffenembargo gegen Südafrika beschlossen worden, Ergebnis der im April vertagten und nun wieder aufgenommenen Südafrika-Debatte. Diese Anwendung des Kapitels VII der Charta war ein VN-politisches Ereignis von historischem Gewicht. Nur ein einziges Mal hatte sich der SR bisher dazu durchgerungen, bindende Zwangsmaßnahmen zu befehlen, nämlich die Wirtschaftssanktionen gegen Rhodesien 1966. Jetzt zielte er nicht unmittelbar auf Namibia, sondern wandte sich mit dem Beginn der Präambel von SR 418 frontal gegen das Apartheid-System in Südafrika selbst:

> „... Strongly condemning the South African Government for its resort to massive violence against and killings of the African people, including schoolchildren and students and others opposing racial discrimination, and calling upon that Government urgently to end violence against the African people and to take urgent steps to eliminate apartheid and racial discrimination."

Im SR dominierte jedoch 1977 und noch für weitere 20 Jahre eine Hemmung, menschenrechtswidrige Zustände innerhalb eines Staates als eine Bedrohung des internationalen Friedens zu bewerten und damit nicht mehr als „innere Angelegenheit" zu behandeln, die dem SR gemäß Art. 2 Abs. 7 der Charta entzogen war.[44] Vielmehr war die GV das VN-Hauptforum, auf dem sich nach über zwei Jahrzehnten geführten Debatten die internationale öffentliche Meinung schrittweise durchzusetzen begann, daß trotz Art. 2 massive Menschenrechts-Verletzungen, auch wenn sie sich nur innerhalb eines Staates ereigneten, alle angingen und den Bereich der kollektiven Sicherheit tangierten. Und es war gerade die Auflehnung gegen Apartheid, seit Jahren ein zentraler Tagesordnungspunkt in der GV, die diese Entwicklung maßgebend vorangetrieben hat.

---

43 DB 2977 aus NY vom 10.11. 1977; DB 518 aus Pretoria vom 22.11.1977.

44 Aus einem Erlaß von Redies (Ref. 230) vom 19.3.1977 ergibt sich, daß in jenen Wochen der französische AM de Guiringaud in einem Schreiben an AM Vance noch den Standpunkt vertreten hat, da es sich bei Apartheid um innere Angelegenheiten eines souveränen Staates handle, halte er es nicht für zulässig, über einen Appell an Südafrika hinauszugehen und Südafrika den Weg zu weisen, wie es die Gleichberechtigung in seinem Lande herzustellen hätte. Zum Nichteinmischungsprinzip vgl. Kunig, a.a.O. S. 374-380 und S. 391-401; zu SR 418 (1977) vgl. Franck, Fairness. S. 224-231.

Der SR setzte 1977 neben die Anklage gegen Apartheid eine staatsübergreifende Friedensverletzung im klassischen Sinne. Präambel-Para. 2 und 7 von SR 418 lauten:

> „Recognizing that the military build-up by South Africa and its persistent acts of aggression against the neighbouring States seriously disturb the security of those States,."
>
> „Considering that the policies and acts of the South African Government are fraught with danger to international peace and security,...."

Diejenigen SR-Mitglieder, die in erster Linie überführt oder verdächtigt waren, Waffenlieferungen an Südafrika zugelassen zu haben, nämlich USA, Großbritannien, Frankreich und die Bundesrepublik Deutschland, wollten vom tadelnden Fingerzeig auf sich selbst ablenken, und so erreichten sie, daß in merkwürdiger Umkehrformel nicht die Lieferung, sondern der Erwerb von Waffen als die Friedenbedrohung erscheinen:

> „Determines, having regard to the policies and acts of the South African Government, that the acquisition by South Africa of arms and related matérial constitutes a threat to the maintenance of international peace and security."

Das Embargo an sich traf Pretoria nicht durchgreifend, denn Südafrika verfügte bereits über eine weitgehend autarke Waffenproduktion. Durch diese VN-Zwangsmaßnahme mußte Pretoria aber erkennen, daß die Fünf einen absolut sicheren Schutz gegen Kapitel VII nicht mehr garantierten. Diese Veränderung hat das ohnehin verunsicherte Vertrauen der Südafrika- Führung , im Westen überwiege letztlich das Interesse an kontinuierlicher Stabilität ihres Systems, erschüttert. War man gegen umfassende VN-Wirtschaftsanktionen etwa doch nicht abgesichert? In einer Besprechung über Einzelheiten des Lösungsplans am 7. November in New York mit dem KG-Quintett verdrängte StS Brand Fourie die Empörung über die westliche Unberechenbarkeit; im Gegenteil gab er sich bemerkenswert kooperativ.[45]

Am 31. Oktober 1977 hat Deutschland das Konsulat in Windhuk endlich geschlossen und damit die Glaubwürdigkeit der deutschen KG-Rolle in den Augen der Afrikaner einen Schritt vorwärts bringen können.

VIII. Reisediplomatie mit Fünfer-Vorschlag

Die KG-Karten im bilateralen Dialog mit Südafrika und mit SWAPO waren zunächst ausgereizt. Als Vermittler waren die Fünf nunmehr dazu berufen, einen eigenen Lösungsvorschlag auf den Tisch zu legen. Die Hauptpunkte des am 4. November 1977 fertiggestellten Vorschlags waren:

---

45 DB 2887 aus NY vom 7.11.1977

- Gemäß SR 385 freie und faire Wahlen unter VN-Aufsicht und Kontrolle zu einer Verfassungsgebenden Versammlung.
- Vor den Wahlen Freilassung aller von Südafrika festgehaltenen politischen Gefangenen.
- Erlaubnis für alle außerhalb des Landes befindlichen Namibier, vor den Wahlen frei und friedlich zurückzukehren. VN-Kontrolle darüber, daß nicht zurückkehrende Namibier freiwillig fernbleiben.
- Aufhebung aller diskriminierenden oder sonst die freie Teilnahme am politischen Prozeß behindernden Vorschriften durch den GenV im Einvernehmen mit dem UN-SpR.
- Waffenstillstand mit folgender Regelung:
  a) Einstellung aller Feindseligkeiten und Beschränkung aller bewaffneten Kräfte SAs und SWAPOs auf vorhandene Stützpunkte unter VN- Aufsicht.
  b) Bis zum Beginn des Wahlkampfes schrittweiser Abzug aller Südafrika- Truppen bis auf 1.500 Soldaten, die unter VN-Aufsicht auf einen Stützpunkt zu beschränken und nach den Wahlen abzuziehen sind.
  c) Demobilisierung der „citizen forces, commandos and ethnic forces" und Auflösung ihrer Kommandostrukturen.
  d) Einsatz einer militärischen UNTAG-Komponente von um die 2.000 Mann, wobei die Höchstzahl nach den operationellen und logistischen Erfordernissen zu bestimmen sein wird.
  e) Friedliche Rückkehr von Namibiern über festzulegende Grenzübergänge, um frei am politischen Prozeß teilzunehmen.
  f) Nach Wahlabschluß Schließung aller SWAPO-Stützpunkte.
- Im Einvernehmen mit dem UN-SpR hält der GenV mit Hilfe der vorhandenen Polizei, aus der vorbelastete Bedienstete vorher zu entfernen sind, Ruhe und Ordnung aufrecht. Der UN-SpR gewährleistet, daß jegliche Einschüchterung oder Störung des politischen Prozesses unterbleibt.
- Nach den Wahlen Verabschiedung einer Verfassung durch die Verfassungsgebende Versammlung und Einsetzung einer Regierung noch im Jahre 1978.[46]

In der KG war klar, daß zu Punkt a) der Waffenstillstandsregelung auch das Problem der VN-Kontrolle von SWAPO-Basen in Sambia und Angola gehörte.

Diesen eigenen Lösungsvorschlag wollten die Fünf nicht sogleich an die Konfliktparteien herantragen, sondern vorher im Einvernehmen mit dem GS den FLS und Nigeria unterbreiten. Erst nach sorgfältiger Aussprache mit diesen sollte eine endgültige Fassung erarbeitet werden. So wurde das Stamm-Quintett zu Konsultationen entsandt

---

46 DB 2854 aus NY vom 4.11.1977.

nach Daressalam (Tanzania), Maputo (Mosambik), Gaborone (Botswana), Lusaka (Sambia), Luanda (Angola) und Lagos (Nigeria).

Am 21 November empfing in Darassalam Staatspräsident Julius Nyerere zusammen mit AM Benjamin Mkapa die KG mit deutlichen Zeichen des Wohlwollens. Er ließ erkennen, daß aus seiner Sicht ein Verbleib von 1.500 Südafrika-Truppen zumutbar sei, jedoch würde er in diesem Falle, spräche er für SWAPO, die doppelte Zahl an militärischem VN-Personal fordern. Nur im Rahmen einer solchen Relation werde man gegen SWAPOs verständliche Ausgangsposition (kein Südafrika-Truppenverbleib) ankommen können. Als Murray (Großbritannien) besorgt auf die Kostenlast für VN-Personal in so hoher Zahl hinwies, konterte Nyerere, über ein Scheitern würde niemand sich mehr freuen als Pretoria und Moskau. Insbesondere der Sowjetunion wäre das Ausbleiben einer Lösung am liebsten; fortgesetzten Konflikt sähe sie als Vorteil, zumal ihr SWAPO womöglich nicht marxistisch genug erscheine, um eine ihren Interessen dienende Herrschaft über Namibia zu garantieren. Das Südafrika-Begehren nach frühen Wahlen sei zurückzuweisen. SWAPO werde die Wahlen gewinnen, habe aber ein Recht auf einen ausreichenden Zeitraum „to appear before the people“. Verliere SWAPO die Wahlen, so werde an Frieden kaum zu denken sein. Nyerere verwies besorgt auf die Gefahr negativer Auswirkunge, die ein Scheitern der Namibia-Initiative auf die Lösungsbemühungen für Rhodesien haben würde. Er ermutigte die KG, Angola anzusprechen. Präsident Agostino Neto wolle Frieden im Süden, was den Abzug Südafrikas aus Namibia voraussetze. Die Kubaner seien nur in Angola, um die Regierung gegen die von Südafrika gestützte Rebellenbewegung UNITA zu verteidigen. Nyerere sagte der KG zu, sie in der Überzeugungsarbeit bei SWAPO zu unterstützen.[47]

Nach der sehr langwierigen Anreise von New York nach Daressalam war das Quintett erleichtert, die nächsten vier Stationen in einer kleinen US-Regierungsmaschine anfliegen zu können. Darin traf sie am 23. November in Maputo ein und wurde von AM Chissano empfangen. Dieser vertrat unerbittlich den Standpunkt, Südafrika habe Namibia sofort restlos zu verlassen, da seine Präsenz dort völkerrechtswidrig sei. Es bedürfe garnicht des zusätzlichen (richtigen) Arguments der SWAPO, jeder Südafrika-Truppenrest wäre bei Wahlen ein Einschüchterungsfaktor. Auf die KG-Entgegnung, der legalistische Standpunkt lasse keine Alternative zu fortgesetztem Kriege, konterte der Außenminister: „Doch, die überfälligen Sanktionen nach Kapitel VII!“ SWAPO habe genug Entgegenkommen gezeigt durch Zustimmung zu Wahlen und Hinnahme des GenV. Wahlen habe sie angesichts der VN-Anerkennung als „sole and authentic representative“ überhaupt nicht nötig. Bis nach den Wahlen kämen Kontrollen über SWAPO-Lager außerhalb Namibias nicht in Betracht. Bezeichnenderweise erklärte Chissano, in dessen Land auch Kubaner stationiert waren, jegliches Streben nach einer Garantie Angolas für kubanisches Wohlverhalten sei der anmaßende Ver-

47 DB 359 aus Daressalam vom 21.11.1977; Präsident Nyerere 1968 zum Selbstbestimmungsrecht vgl. Kunig, a.a.O. S. 386-388.

such eines Eingriffs in die Souveränität Angolas. Allenfalls könne die KG darum bitten, nach Erreichung einer international anerkannten Vereinbarung möge Angola diese nicht stören. Furcht vor Kubanern sei ein durchsichtig erlogener Vorwand Pretorias. Die Fünf schlossen aus der Härte dieses Auftritts, daß Mosambik zu jenem Zeitpunkt von einer Kompromißlösung für Namibia eine Schwächung seiner radikalen Position in Sachen Rhodesien befürchtete.[48]

Am 24. November konsultierte das Quintett in Gaborone mit Staatspräsident Khama und Vizepräsident Masire. Beide versicherten, daß sie die Namibia-Initiative in jeder Hinsicht unterstützten, stellten aber auch zutreffend klar, daß ihr Einfluß auf SWAPO und andere FLS gering sei. Khama betonte, daß die KG-Chancen stark von der Haltung Angolas abhingen. Seines Erachtens sei die SWAPO-Präsenz in Angola für Präsident Neto lästig, weil sie Südafrika immer wieder Vorwände liefere, die Grenze zu verletzen und UNITA zu unterstützen. Die KG brauche dringend eine gegenüber Pretoria vorzeigbare Zusage Luandas zur Einhaltung einer internationalen Namibia-Vereinbarung. Alle FLS, besonders auch Sambia, würden ein Ende des SWAPO-Militärbetriebs außerhalb Namibias lieber heute als morgen sehen.[49]

In Lusaka empfing Staatspräsident Kenneth Kaunda die KG am 27. November zunächst zu einem Frühstück, das er mit einem Gebet begann. Die Sitzung wurde später im Kabinettsaal fortgesetzt. Mit tiefem Ernst erhob Kaunda Vorwürfe gegen die Politik der Fünf im südlichen Afrika. Sie führen fort, Pretoria zu schonen. Dagegen würden die FLS und die Befreiungsbewegungen in ihrem Kampfe im Stich gelassen.

> „Durch Eure Passivität habt Ihr uns gezwungen, Waffen von der Sowjetunion und von China zu nehmen. Ihr habt uns mit Euren Gegnern allein gelassen und diese zu unseren Alliierten gemacht. So setzt Ihr Euch selbst in Widerspruch zu dem christlichen Gedankengut, das Ihr zu uns gebracht habt. Ihr paktiert mit den Antichristen Jan Smith und John Vorster."

Kaunda fuhr fort, er nehme die Fünfer-Initiative nur Ernst, weil er Vertrauen in Präsident Carter habe; nicht in dessen Administration, aber in seinen „approach to life", der sich vor allem im neuen Engagement in der Menschenrechtsfrage zeige. Ein Südafrika-Truppenverbleib in Höhe von 1.500 sei problematisch, aber vielleicht hinnehmbar, wenn diese Einheit auf einen möglichst entlegenen Stützpunkt nahe der Südafrika-Grenze konzentriert werde. Keinesfalls würden 2.000 Blauhelme ausreichen. Es bedürfe einer langen Zwischenperiode bis zu den Wahlen nicht nur im Interesse der SWAPO, sondern auch für die Umstellung der Weißen hinweg von ihren emotionalen Vorurteilen und hin zu einem besseren Kennenlernen der SWAPO. VN-Kontrollen über SWAPO in Sambia seien nicht erforderlich. Er werde den Bruch einer von allen Beteiligten akzeptierten Vereinbarung von seinem Territorium aus, etwa durch nachfolgendes Eindringen von SWAPO-Guerillas in Namibia, nicht dulden.

48 DB 326 aus Maputo vom 23.11.1977
49 DB 163 aus Gaborone vom 24.11.1977

Insgesamt vermittelte Kaunda jedoch den Eindruck, jeglichen aktuellen Anlaß zu Kritik seitens der SWAPO vermeiden zu wollen.[50]

Am 29. November gelangte das Quintett nach Luanda. Es wurde empfangen von PM Lopo do Nascimento zusammen mit AM Paolo Jorge, dessen Staatssekretär Roberto de Almeida und Olga Lima, Direktorin der Politischen Abteilung des Außenministeriums. Der PM erklärte, Angola stehe fest zu SWAPO und werde bei Scheitern der Verhandlungen weiter deren bewaffneten Kampf unterstützen. Komme eine international akzeptierte Vereinbarung zustande, so garantiere Angola, auf deren voller Einhaltung zu bestehen und keinesfalls Störungen von seinem Gebiet aus durch SWAPO-Truppen oder andere militärische Kräfte zuzulassen. VN-Kontrollen innerhalb Angolas wolle Luanda nur im Falle eines überzeugend nachgewiesenen Bedürfnisses prüfen. Die geplante Südafrika-Resttruppe in Namibia sei unerwünscht, jedoch notfalls hinnehmbar. Für UNTAG schätzte der PM den Bedarf auf etwa 1.000 zivile und 2.000 militärische Kräfte. Eine Schlüsselfrage und unbedingt mit den FLS abzustimmen sei die Herkunft der VN-Truppen. Do Nascimento sprach sich für eine vollständig demilitarisierte Zone (DMZ) nördlich und südlich der Grenze zu Namibia aus, wobei er auch insoweit Abneigung gegen VN-Überwachung auf der angolanischen Seite erkennen ließ. Am Projekt einer DMZ offenbarte sich, daß SWAPO-Interessen in Luanda nicht zwangsläufig Priorität genossen.[51]

Das Quintett erreichte mit auf der Basis notorisch unberechenbarer Flugzeiten verkehrenden regulären Linienmaschinen von Luanda aus am 29. November die einzig mögliche Reiseroute nehmend über Lusaka, Gaborone, Johannesburg (3 Tage Zwischenaufenthalt in Pretoria) und Kinshasa am 5. Dezember Lagos. Hier empfing Staatspräsident General Olusegun Obasanjo die Fünf am 7. Dezember in Gegenwart von AM Garba. Obasanjo stellte an den Anfang, daß für Nigeria die Positionen der SWAPO maßgebend seien, denn diese repräsentiere die Namibier, „wenn auch nicht alle" (!). Da SWAPO in erster Linie freie Wahlen wolle, sollte sie letztlich zur Hinnahme der Südafrika-Resttruppe zu bewegen sein, wenn diese nur wirklich neutralisiert werde. Der Nigerianer ließ indirekt durchblicken, daß er die militärische Stärke der SWAPO für dürftig und übertriebenen Widerstand gegen den Lösungsvorschlag für Unfug hielt. Zugleich müsse man auch das Interesse der Weißen an möglichst sicherem Schutz vor einem Bruch der Abmachungen verstehen. Er wolle mit Nujoma sprechen. Die Bedrohung Angolas durch Südafrika-Angriffe und Unterstützung UNITAs von Namibia aus müsse ausgeschaltet werden. Dann würden die Kubaner überflüssig.[52]

Insgesamt war die KG trotz wesentlicher Vorbehalte bei den FLS und bei Nigeria nicht entmutigt. Im Gegenteil hielt sie die Hoffnung nicht für unrealistisch, daß insbesondere Nyerere und Obasanjo dank ihrer einflußreichen Stellung innerhalb der FLS ihren Eindruck auf SWAPO nicht verfehlen würden. Eines hatte sich allerdings defi-

50 DB 362 aus Lusaka vom 27.11.1977
51 DB 367 aus Lusaka vom 30.11.1977
52 DB Delegationsbericht Nr. 14 aus Lagos vom 7.12.1977

nitiv bestätigt: Trotz ihres ausgeprägten (nur in Maputo noch zweifelhaften) Interesses an einer baldigen friedlichen Lösung war keine von diesen sechs Regierungen bereit, einem Ergebnis zuzustimmen, das SWAPO nicht voll akzeptiert hatte. Unbefriedigend blieb auch, daß in der so wichtigen Frage der VN-Kontrolle über SWAPO-Basen außerhalb Namibias weder von Sambia noch von Angola klare Zusagen erreicht worden waren.

Daß die in New York vorgesehene Reihenfolge der Verhandlungsstufen vernünftig durchdacht war, sollte der KG aufgehen, als sie trotzdem vor ihrer Reise über Südafrika nach Lagos den Aufenthalt in Lusaka nutzte, um schon jetzt eine dritte Runde mit SWAPO durchzuführen. Dazu kam es am Nachmittag des 27. November in der britischen Botschaft. Die KG unternahm einen gründlich vorbereiteten, auf SWAPO-Anliegen umsichtig eingehenden Versuch, Nujoma vor allem in der Frage der Südafrika-Resttruppe vom apodiktischen Nein wegzubewegen. Ohne Erfolg. Der SWAPO-Präsident fügte diesem Tabu noch einen Sprengsatz hinzu, indem er statt 2.000 Blauhelmen jetzt 4 bis 5.000 forderte. Auch ohne Südafrika-Resttruppe sei wegen der polizeilichen und para-militärischen Südafrika-Verseuchung ganz Namibias mit weniger VN kein fairer politischer Prozeß zu gewährleisten. Er fragte, worin denn seit der zweiten Runde die Resultate der „Vermittlerrolle" der Fünf bestünden. Stattdessen sehe er, wie sie dem Treiben des GenV duldsam zuschauten, der unbeaufsichtigt Wählerregistrierung betreibe und das jetzt schon auf vollen Touren laufende Wahlkampfspektakel der Turnhallegruppen fördere. – Tatsächlich war dieses problematische Verhalten des GenV unbestreitbar. – Die KG gewann den Eindruck, daß SWAPO die Konfrontation schon vorher beschlossen hatte, um allen Anzeichen entgegenzuwirken, die Fünf könnten mit Hilfe der FLS zentrale SWAPO-Positionen ausmanövrieren. So konnte die KG hier keine Munition für die anstehende Pretoria-Visite sammeln. Es war zu früh. Sie blieb aber bei ihrer Erwartung, daß ihre FLS/Nigeria-Runde letztlich doch bei SWAPO Wirkung zeigen werde.[53]

Von Lusake aus reiste die KG, wie schon erwähnt, über Gaborone und Johannesburg nach Pretoria zur vierten Runde mit den Südafrikanern. Das Quintett tagte mit AM Botha und Staatssekretär Fourie am 2. Dezember 1977 eher informell in der Privatwohnung des Staatssekretärs, dann am 3. Dezember offiziell im Union-Building.

Alle Fünf haben am 2. Dezember mit verteilten Rollen die Grundzüge ihres eigenen Lösungsvorschlags und die Hauptpunkte, in denen noch eine weitere Annäherung der Konfliktparteien unerläßlich war, vorgetragen. Den Schwerpunkt bildete dabei die Zahl und die VN-Überwachung der Südafrika-Soldaten, die vom Beginn des Wahlkampfes an noch bis zur Unabhängigkeit in Namibia verbleiben könnten.[54]

Von seinem Platz ganz in der Nähe Bothas konnte das deutsche Quintett-Mitglied (Verfasser) deutlich erkennen, daß der Außenminister immer wieder Einblick in vor ihm liegende Unterlagen nahm, die offenbar – wie auch immer beschaffte – Kopien

53 DB 361 und DB 363 aus Lusaka vom 27.11.1977 DB 367 aus Daressalam vom 29.11.1977.
54 DB 541 aus Pretoria vom 3.12.1977; DB 542 aus Pretoria vom 4.12.1977.

waren von Informationserlassen aus den Außenministerien in Daressalam, Gaborone und Lusaka an deren Botschaften in den jeweils anderen FLS. Die Erlasse enthielten eine ausführliche Unterrichtung über die KG-Gespräche der letzten Tage in jenen Hauptstädten.

Weit ausholend predigten Botha und Fourie im Duett, es lange jetzt. Die Schraube unzumutbarer Südafrika-Konzessionen werde immer rücksichtsloser angezogen, während der VN-favorisierten SWAPO nichts abverlangt werde. Der Wahltermin sei definitiv auf Anfang Juni 1978 festgelegt. Die Zahl 4.000 für die Südafrika-Resttruppe sei endgültig.

Am 3. Dezember, nach langer Südafrika-interner Konsultation mit PM Vorster, breiteten die Beiden folgenden Vorschlag aus: Südafrika könne die Resttruppe von 4.000 auf 3.000 senken unter der Bedingung, daß 1.000 militärische VN-Beobachter in Angola nördlich der namibischen Grenze stationiert würden, um dort SWAPO zu überwachen. Eine weitere VN-Einheit von höchstens 1.000 Blauhelmen (bisher 250) solle in Namibia wie folgt eingesetzt werden: 800 aufgeteilt in 3 Gruppen und örtlich beschränkt entlang der Nordgrenze, nämlich 200 östlich von der Cunene-Mündung bis Ruacana, 400 auf der Grenzstrecke von Ruacana bis zum Okawango-Fluß und 200 weiter östlich im Caprivi-Zipfel zwischen Kwando-Fluß und Sambesi-Fluß. Der Rest von 200 solle sich in ganz Namibia frei bewegen, um die Südafrika-Resttruppen zu beobachten. Südafrika bestehe darauf, seine 9 Stützpunkte in Nord-Namibia zu behalten und mit Einheiten von je ca. 33 Soldaten (= 1 Platoon) zu besetzen, insgesamt mit 300 Mann. Südafrika-Kampftruppen aus 1.400 Mann würden in Oshivelo konzentriert und 1.300 seien für logistische und technische Hilfsdienste erforderlich.

Die Zumutung der Wiedergabe dieser Einzelheiten lohnt sich, weil die wortreichen Begründungen und Kommentare Bothas und Fouries zur militärischen Streubesetzung des Nordens eindeutig, wenn vielleicht auch ungewollt, folgende Absichten verrieten:

a) Da sich nach Südafrika-Überzeugung jegliche sichtbare VN-Präsenz psychologisch zugunsten von SWAPO auswirken würde, sollten die VN-Militärs möglichst aus dem Blickfelde der Wähler verschwinden, also möglichst viele nach Angola, der Rest bis auf 200 an die äußerste nördliche Peripherie.

b) Die 9 Südafrika-Basen im Norden waren den Südafrikanern insgeheim hauptsächlich wichtig, erstens um den Wählern im Ovamboland (Wohnsitz der Mehrheit) die „richtige“ Wahlentscheidung nahezulegen, zweitens um SWAPO-Übergriffe zu vermeiden und drittens um die VN-Militärs zu überwachen und so der den VN unterstellten Tendenz, zur SWAPO-Propaganda beizutragen, einen Riegel vorzuschieben.

c) Obwohl sie Sorgen um die Sicherheit im Norden ganz in den Vordergrund stellten, erwähnten Botha und Fourie die in der dritten Runde so hochgespielte Kubaner-Bedrohung mit keinem Wort mehr. Die KG wußte nun ein für alle Mal, daß Pretoria ebensowenig wie sie selbst an ernsthafte sowjetisch-kubanische Absichten eines

Einfalls in Namibia glaubten. Zu keiner Zeit war jetzt oder später nach Südafrika-Einschätzung die Kubaner-Präsenz in Angola für die Sicherheit Namibias relevant.

Die neuen Zahlenspiele Pretorias verbesserten die Vermittlungschancen der KG nicht. Diese blieb mit der unverhüllten Entschlossenheit Südafrikas konfrontiert, einen Wahlsieg der Turnhalle-Elemente zu sichern und dabei zweigleisig zu fahren. Sollte mit Hilfe der KG der SR auf diesem Ziele günstige Rahmenbedingungen eingehen, so wäre dies der optimale, weil international abgesegnete Weg zur Vermeidung eines SWAPO-Sieges. Sollte die KG jedoch scheitern, so würde man ungeachtet der internationalen Isolation die Turnhalle über die „interne Lösung" ohne SWAPO an die Macht bringen.[55]

Nach der schon dargestellten Konsultation in Lagos wollte das Quintett am 7. Dezember 1977 nach New York zurückkehren. Überraschend ging in Lagos aus den 5 KG-Hauptstädten eine vom britischen AM David Owen ersonnene und bei dessen 4 KG-Kollegen durchgesetzte Weisung ein, das Quintett habe unverzüglich wieder nach Lusaka zu reisen, um dort eine vierte SWAPO-Runde durchzuführen. Owen fand das Ergebnis von Pretoria weniger negativ als das Quintett. Die nach dessen Meinung sinnlose, wenn nicht gar für den Fortgang der ganzen Initiative sehr riskante Weisung zwang die Fünf, jetzt mit Linienflügen wieder nach Lusaka zu gelangen. Es fand sich keine Alternative zur Route über Nairobi (!).

Am 12. Dezember kam es zur neuen Runde mit SWAPO, die nur 80 Minuten dauerte. Die KG trug Nujoma einen vollständigen Bericht über das Pretoria-Treffen (unter Auslassung des Wahltermins) vor. Sie gab zu Bedenken, daß Südafrika bei starrer Verweigerung von Konzessionen seitens Nujomas schon bald die „interne Lösung" umsetzen würde und die Verantwortung für das Scheitern des internationalen Projekts SWAPO angelastet würde. Nujoma blieb dabei, daß restlos alle Südafrika-Soldaten Namibia vor Beginn des politischen Prozesses verlassen haben müßten.

> „SWAPO will not accept the presence of a single South African soldier at the beginning of the electoral campaign or thereafter."

Er verweigerte jegliche Aussprache über dieses Hauptthema und erklärte es als sinnlos, vor Hinnahme dieser SWAPO-Position andere Elemente des Lösungsvorschlags zu diskutieren. Die KG konnte einpacken. Es war unter afrikanischen Verhältnissen abwegig, schon nach so kurzer Zeit hilfreiche FLS/Nigeria-Einflüsse auf SWAPO zu erhoffen. In seinem Bericht vom 13. Dezember kündigte der Deutsche im Quintett dem Auswärtigen Amt die Rückreise nach New York an mit den Worten: „Nach 25 Tagen... beginnen die Fünf an das Ende der Anabasis zu glauben."[56]

---

55 Ablauf der vierten Runde mit Südafrika: DB 541 vom 3.12.1977; DB 542, 544, 545 vom 4.12.1977 – alle aus Pretoria – ; DB 3770 aus NY vom 22.12.1977.

56 DB 376 aus Lusaka vom 12.12.1977; Anabasis (altgriechisch) = sehr langer Marsch bergauf; Titel eines Werkes von Xenophon (Feldzug des jüngeren Kyros gegen seinen Bruder Artaxerxes Mnemon).

IX. „What a desaster!“

Die KG hat in New York bis zum 23. Dezember 1977 den Entwurf eines „endgültigen Lösungsplans“, wiederum auf der Basis von SR 385, erarbeitet.[57]

In zahlreichen Einzelpunkten ist dieser noch streng vertraulich behandelte Entwurf in den anschließenden Wochen noch verändert worden. Als wichtige Verbesserung ist festzuhalten, daß die KG auf deutschen Vorschlag von der Empfehlung abgerückt ist, der militäische Teil von UNTAG möge aus etwa 2.000 Blauhelmen bestehen. Anstatt in dieser konfliktträchtigen Frage Zündstoff zu liefern, zog die KG es vor, dem GS anheimzustellen, diejenige Mannschaftsstärke für das UNTAG-Personal zu fordern, die nach Einschätzung seiner VN-Experten gebraucht würde.[58] Das Endprodukt des Lösungsplans war am 2. Februar 1978 fertiggestellt und ist später nahezu unverändert als der vom SR in der berühmten Resolution Nr. 435 vom 29. September 1978 beschlossene offizielle „Proposal for a Settlement of the Namibia Situation“ (S/12636) in die Geschichte eingegangen (siehe Anhang A).[59]

Für die Fünf war absehbar, daß es im SR bald zum Schwur kommen mußte. Nicht wenige Afrikaner konstatierten bereits, im Einklang mit den Sowjets, das Scheitern der Fünf. In der Tat hatte die so vielseitige Vermittlungsanstrengung der KG noch nicht genügend Annäherung erzielt, um den neugefaßten Vorschlag durch den SR bringen zu können. Weitere Einzelbearbeitung der beiden Konfliktparteien würde nichts mehr bringen. Es mußte jetzt eine andersartige Verhandlungsvariante her: Simultangespräche.

Die KG hatte durchschaut, daß weder Südafrika noch SWAPO als verantwortlich für das Scheitern einer friedlichen Lösung dastehen wollten. Südafrika mußte mit zunehmenden westlichen Druckmaßnahmen rechnen, die gravierende Einbrüche verursachen würden, selbst wenn sie freiwillig, also unterhalb der Schwelle von bindenden Kapitel VII-Sanktionen erfolgten. SWAPO wußte, daß bei den FLS und Nigeria das Interesse am Gelingen der Initiative stark überwog und die Mehrheit der VN-Afrikagruppe mitzog. Die KG hielt es für opportun, SWAPO in einem konzertierten Verhandlungsbetrieb in New York einem möglichst direkten und thematisch fixierten Einfluß der Afrikaner auszusetzen.

Die in den Tagen vom 20. bis 23. Dezember 1977 KG-intern entwickelte Entscheidung für Simultangespräche („proximity talks“) bedeutete, daß Vertreter der maßgebenden vier Partner, nämlich Südafrika, SWAPO, FLS mit Nigeria, VN (GS) an einem Ort zu versammeln waren, um dort getrennt jeder für sich mit den fünf KG-Außenministern zu verhandeln. Vom Verlauf dieser Termine würde abhängen, ob später einige oder alle vier Beteiligten um e i n e n Verhandlungstisch gemeinsam Platz nehmen könnten. Als Ort schlug die KG New York vor.

57 DB 3792 aus NY vom 23.12.1977.

58 DB 9 aus NY vom 4.1.1978.

59 Op. Para. 1 von SR 435 (1978), womit das Schreiben der Fünf an den SR-Präsidenten vom 10.4.1978 (S/12636) gebilligt wird.

Der Vorteil des Arrangements bestand darin, daß Südafrika und SWAPO hier trotz Vertraulichkeit der Sitzungen mit einer globalen Medienpräsenz von unnachgiebiger und teilweise sachkundiger Aggressivität konfrontiert sein würden. Beide verloren die Zuflucht in den hinhaltenden Zeitaufwand, der sonst immer bis zur Reaktion der fernen Gegenseite auf jede Bewegung gähnte. Beiden gleichermaßen wurde Wahrnehmung auf spektakulär hoher Ebene (Außenminister) zuteil, und Südafrika verlor den bisher komfortablen Rahmen des „Heimspiels".[60]

Unter erheblichen Mühen konnte die KG eine Zustimmung aller für den 10. bis 12. Februar 1978 als Termin der Konferenz erreichen. Als Tagungsort wurde im Einvernehmen mit allen Beteiligten die in New York dem VN-Gebäude in der First Avenue gegenüberliegende VN-Mission der USA vorgesehen. Neben der VN-Nähe war sie in Bezug auf Technik und Sicherheit gut geeignet. Die Amerikaner stellten dort einen großen Konferenzsaal, ein Pressezentrum und für jeden der vier angereisten KG-Außenminister zwei Büros zur Verfügung. Vorsorglich waren auch im benachbarten Hotel „United Nations Plaza", wo die 5 Außenminister, die Südafrikaner und SWAPO mit Delegationen untergebracht waren, Konferenzräume reserviert.

In der ersten Februarwoche hatte die KG den Lösungsvorschlag (Anhang A) erst an den GS, an Südafrika und an SWAPO, danach an die FLS, Nigeria und an die interessierten Gruppen in Windhuk verteilt. Jeder Empfänger war um vertrauliche Behandlung des Textes gebeten worden. Zu den Simultangesprächen kamen AM Cyrus Vance (USA), AM Hans-Dietrich Genscher (Deutschland), AM David Owen (Großbritannien), AM Donald Jamieson (Kanada) und AM Louis de Guiringaud (Frankreich). Südafrika war durch AM Botha, SWAPO durch Sam Nujoma vertreten. Teilnehmer aus den FLS waren für Angola VN-Botschafter Elisio de Figueiredo, für Botswana AM Mogwe, für Mosambik Präsidentenberater Sergio Vieira, für Sambia AM Siteke G. Mwale und für Tanzania AM Benjamin Mkapa. AM Garba vertrat Nigeria. Außerdem waren die afrikanischen SR-Mitglieder Mauritius (durch VN-Botschafter Ramphul) und Gabun (durch VN-Botschafter N'Dong) beteiligt. Aus Windhuk hatten Turnhalle-Vertreter und andere politische Gruppen um Teilnahme ersucht. Die KG wies sie nicht rundweg ab, stellte aber klar, daß sie zu keiner offiziellen Sitzung zugelassen würden. Denen, die in New York erschienen sind, haben jeweils nur einzelne von der KG beauftragte Mitglieder des Stamm-Quintetts Informationen über den Sachstand vorgetragen.[61]

Nach am 10. Februar vom Quintett unter teilweiser Beteiligung der 5 VN-Botschafter mit Südafrika und mit SWAPO geführten Vorgesprächen, die der Erläuterung des Lösungsplans dienten, fand am Vormittag des 11. Februar das erste offizielle Gespräch der 5 Außenminister unter Vorsitz von AM Vance mit AM Botha statt. Dieser lamentierte wiederum theatralisch, alle Konzessionen seien bisher von Südafrika einge-

60 DB 3735 aus NY vom 20.12.1977; DB 3792 aus NY vom 23.12.1977.

61 Die politischen Gruppen aus Windhuk und die Namen ihrer Vertreter sind aufgeführt in DB 342 aus NY vom 14.2.1978.

bracht worden. Dennoch mute man ihm jetzt immer noch weitere zu. Ein klares Signal des Einlenkens, vor allem in der Frage der Südafrika-Resttruppe, war nicht zu erhalten.

Nujoma bestätigte in der anschließenden von AM Jamieson geleiteten Sitzung eine fundamental wichtige Bewegung, die er im oben erwähnten Vorgespräch vom 10. Februar zur Überraschung und Freude der KG bereits angekündigt hatte: SWAPO akzeptierte erstmals die Südafrika-Resttruppe von 1.500 Mann. Auch wenn er dieses Zugeständnis mit der Bedingung verband, in Walvis Bay stationierte Südafrika-Truppen müßten auf die 1.500 angerechnet werden und der VN-überwachte Sammelpunkt in Namibia solle nicht in Grootfontein oder Oshivelo liegen, sondern in Karasburg nahe der Südafrika-Grenze, so bedeutete der Tabu-Bruch doch eine die Fünf nachhaltig ermutigende Wende. Daß diese dem FLS/Nigeria-Einfluß zu verdanken war, stand für die KG außer Frage.

Beide Sitzungen wurden von allen Beteiligten als insgesamt diplomatisch-moderate Ouvertüren aufgefaßt. Hart zur Sache würde es bei den nächsten Treffen gehen.

Nachdem die 5 Außenminister über Mittag einen freundlichen Gedankenaustausch mit GS Waldheim und danach unter Frankreich-Vorsitz eine insgesamt konstruktive Sitzung mit den FLS und den afrikanischen SR-Mitgliedern Nigeria, Gabun und Mauritius absolviert hatten, kam es am späteren Nachmittag zum mit Spannung erwarteten zweiten Akt mit AM Botha. Den Vorsitz führte AM Genscher. Als Einleitung trug er einen vom Quintett ausgearbeiteten Text vor. Erste Aussage war, daß die KG bei wichtigen Afrikanern für ihren Vorschlag, eine Südafrika-Resttruppe in Namibia zu behalten, Verständnis gefunden habe unter dem Vorbehalt, daß diese Zahl das absolute Maximum sei und daß ein fairer politischer Prozeß eine weit höhere Zahl an militärischem und zivilem UNTAG-Personal erfordere. Südafrika könne sich darauf verlassen, daß der GS, sowohl was die Zahl als auch was die Herkunft dieses Personals angehe, ganz objektiv und unparteiisch nur das Interesse an Sicherheit und Ordnung zum Maßstab nehmen werde. Dieses Interesse habe ja auch für Pretoria hohe Priorität. Genscher drang fast beschwörend darauf, Südafrika möge sich den jetzt mit Händen zu greifenden Vorteil einer friedlichen Lösung nicht entgehen lassen. Eine vernunftgeleitete Flexibilität bei den noch zu überwindenden Divergenzen werde die internationale Stellung Südafrikas substantiell verbessern, während die sonst unvermeidliche Anklage im SR zu für Südafrika überaus problematischen Maßnahmen zu führen drohe. Weiter aus dem vorgegebenen Texte lesend sagte Genscher in freundlich-sachlichem Ton, es werde wichtig sein,

> „that withdrawing South African troops would leave the territory and not be transferred to Walvis Bay....“
>
> „The careful phrasing in the Western proposal that there will be no territorial claims reflected the fact that the Five did not share the South African position regarding Walvis Bay. It had appeared, this I like to report from the day‘s talks, that this question was generally taken very seriously by all parties.“

Nach Genschers erneuter Ermunterung, alle genannten Punkte zu überdenken und am kommenden Tage in ruhiger Aussprache zu einem positiven Ergebnis zu gelangen, spielte Botha den Fassungslosen, erhob sich und erklärte, nach dem soeben Gehörten sehe er „keine Notwendigkeit, die Gespräche fortzusetzen". Er werde „sofort nach Südafrika zurückkehren, um seiner Regierung zu berichten". Er gab jedem der bestürzten 5 Außenminister rasch die Hand und eilte mit seiner Delegation aus dem Konferenzsaal. „What a desaster!" entfuhr es dem alten James Murray. Unten am Ausgang der US-Vertretung antwortete Botha ihn umringenden Jounalisten: „Nothing to say."

Es gelang Genscher noch, am nächsten Morgen Botha in dessen Hotel-Suite kurz zu sprechen. Wenig überzeugend machte dieser geltend, die Weisungen PM Vorsters hätten ihm keinen Spielraum der Annäherung an den aktuellen Lösungsvorschlag gelassen. Jeder mußte sich fragen, warum er, nachdem ihm der Vorschlag schon vor einer Woche in Pretoria unterbreitet worden war, überhaupt die weite Reise unternommen hatte. Genscher erreichte noch die Absprache, daß sowohl Botha als auch die Fünf der Presse sagen würden: „Die Tür ist nicht zugeschlagen."

Der Ausmarsch Bothas war eine rätselhafte Überraschung. Es überwog die Vermutung, die klare Zurückweisung der Südafrika-Position zu Walvis Bay sei der Auslöser gewesen. Die Briten hielten das sogar für sicher.

Der KG war vom Beginn der Initiative an klar, daß am Streit um diesen einzigen Tiefseehafen der namibischen Küste nicht vorbeizukommen sein würde. Pretoria behauptete, die Bucht gehöre zur Kap-Provinz, SWAPO bestand darauf, sie gehöre zum Territorium Namibias. Der Konflikt ist in SR 385 nicht erwähnt. Entsprechend vermieden es die Fünf, ihre schriftlichen Vorschläge damit zu belasten. Sie blieben konsequent bei ihrer Auffassung, der Konflikt müsse später im Verhandlungswege zwischen Südafrika und dem unabhängigen Namibia gelöst werden (was tatsächlich nach 1990 so geschehen ist). Zum Hintergrund:

Walvis Bay ist 1796 von Großbritannien in Besitz genommen und seit 1884 als Teil der Kapkolonie behandelt worden. 1910 wurde die Bucht durch das Unionsgesetz Teil der Südafrikanischen Union. Ohne diesen territorialen Status zu ändern, entschied das Unions-Parlament in Kapstadt durch Gesetz Nr. 24 (1922), daß die Bucht ab 1. Oktober 1922 administrativ dem Mandatsgebiet Süd-West-Afrika eingegliedert sein sollte. Bei Parlamentswahlen gehörte sie trotzdem weiter zum Wahlbezirk Kapstadt. Mit Wirkung ab 1. September 1977 hat Südafrika Walvis Bay auch administrativ wieder in die Kap-Provinz zurückgenommen und so den Zustand von vor 1922 wiederhergestellt. Am 8. September 1977 hat PM Vorster die Fünf öffentlich davor gewarnt, an diesem Status zu rütteln. „Walvis Bay is South African territory."[62]

62 DB 2055 aus NY vom 15.9.1977; DB 2495 aus NY vom 15.10.1977; DB 325 aus NY vom 12.2.1978; DB 633 aus NY vom 21.3.1978; Schriftbericht Nr. 321 aus Windhuk an Referat 320 vom 24.10.1977; Landoberfläche von Namibia ohne Walvis Bay: 822.876 qkm, Landoberfläche von Walvis Bay: 1.124 qkm.

Daß die KG-Ablehnung dieser Position Bothas Ausbruch veranlaßt haben könnte, hielt die deutsche Delegation für sehr unwahrscheinlich, weil den Südafrikanern die von Genscher erwähnte Auffassung bereits 1977 in der zweiten und in der dritten Runde deutlich vorgetragen worden war. Eine einleuchtendere Erklärung bestand nach deutscher Ansicht in dem Schock, den die von Bothas Leuten ohne Zweifel über Mittag ausgekundschaftete plötzliche Neuigkeit, daß SWAPO die Südafrika-Resttruppe von 1.500 Mann akzeptiert hatte, verursacht haben mußte. Diese Überraschung war geeignet, bei Botha und in Pretoria Panik auszulösen, denn zum ersten Mal geriet die Gewißheit der Südafrikaner ins Wanken, daß die Fünf an SWAPO scheitern würden. Botha floh, um das plötzlich verheißungsvolle Momentum in Richtung allseitiger Annäherung an den Lösungsvorschlag zu blockieren.

Trotz des Fortschritts standen der KG mit SWAPO noch schwierige Zeiten bevor. Dies stellte sich erwartungsgemäß heraus in den drei Sitzungen, die mit Nujoma im Rahmen der Simultangespräche noch durchgeführt worden sind. Nachdem der Gegner das Feld geräumt hatte, glaubte der SWAPO-Präsident, nun als vernünftiger Mitspieler verstärkten Respekt und Verständnis für seine immer noch bedenklich weitgehende Kritik am Lösungsplan erwarten zu dürfen. Die 5 Außenminister verhandelten unter Vorsitz von AM Owen mit ihm am Abend des 11. Februar. Zu zwei weiteren Aussprachen fand sich das Quintett mit ihm am 13. und am 16. Februar zusammen. In keinem dieser Treffen ist es gelungen, SWAPO von ihren Haupteinwänden gegen den Vorschlag abzubringen. Diese waren:

a) Die Südafrika-Resttruppe müsse in einem weit im Süden gelegenen Stützpunkt bewacht werden.

b) Walvis Bay müsse im Vorschlag ausdrücklich als namibisches Territorium qualifiziert werden.

c) Der GenV sei dem UN-SpR unterzuordnen. Dies umfasse auch das Kommando über die zu entwaffnende Polizei.

d) Über Streitfragen betreffend die Freilassung politischer Gefangener habe der UN-SpR zu entscheiden.

e) UNTAG-Personal: Mindestens 1.000 Zivilbedienstete, mindestens 5.000 Blauhelme. Der Vorschlag müsse dies ausdrücklich feststellen.

Bei aller Skepsis erkannte Nujoma die ehrliche Vermittlerrolle der Fünf mehrfach an. Er begründete die Unnachgiebigkeit mit dem in bitterer Erfahrung unverrückbar gewordenen Mißtrauen gegen SA.

Die Simultangespräche[63] hatten Fortschritte mit SWAPO und eine noch vertrauensvollere und daher vielversprechende Verständigung mit den FLS und Nigeria ge-

63 Ablauf der Simultangespräche: DB 208 vom 30.1.1978; DB 285 vom 8.2.1978; DB 312 und 322 vom 10.2.1978; DB 323 vom 11.2.1978; DB 325 und 326 vom 12.2.1978; DB 336 vom 13.2.1978; DB 342 vom 14.2.1978; DB 368 vom 16.2.1977 – alle aus NY -.

bracht. In Kapstadt in den folgenden Wochen noch unternommene Versuche der fünf Botschafter erst bei Staatssekretär Fourie, dann bei AM Botha selbst, konsensfördernde Südafrika-Bewegungen zu erwirken, hatten nur begrenzten Erfolg. Südafrika erschien entschlossener zur „internen Lösung" denn je.[64]

X. Auf beiden Seiten Ansätze des Einlenkens

Durch Verhandeln war nicht mehr weiterzukommen. Jetzt galt es, die allen übergeordnete Instanz für den KG-Vorschlag zu mobilisieren: Den Sicherheitsrat.

Die Fünf feilten noch bis zum 13. März an Textstellen, um sie, soweit SR 385 es erlaubte, möglichst genau in die Mitte zwischen Südafrika- und SWAPO-Dogmen zu manövrieren. Dann stellten sie die Zustimmung ihrer Regierungen auf die endgültige Fassung sicher, die in Anhang A wiedergegeben ist.[65]

Dieser Text ist am 29. März 1978 den FLS, Nigeria und SR-Mitgliedern Gabun und Mauritius in ihren Hauptstädten übergeben worden, am 30. März der Südafrika-Regierung in Kapstadt und der SWAPO in Lusaka, einige Tage später interessierten politischen Gruppen in Windhuk.[66] Ebenfalls am 30. März erhielt GS Waldheim den Text. Diesem gegenüber betonte die KG, wie unbedingt geboten ein unparteiisches Vorgehen von UNTAG sein werde und wie verständlich das Südafrika-Mißtrauen in diesem Punkte sei angesichts mehrerer SWAPO-gefälliger GV-Resolutionen und der finanziellen VN-Unterstützung der SWAPO. Die Fünf waren sich darin einig, daß letztlich alle diese Einseitigkeiten würden beseitigt werden müssen. Einem nachdrücklichen Wunsche der KG folgend erklärte Waldheim vor der Presse, die VN hätten ihre „competence and impartiality" bei friedenserhaltenden Maßnahmen gründlich unter Beweis gestellt. Sollte der SR dem GS ein Mandat für Namibia erteilen, so könne jeder sich auf unparteiisches und faires VN-Verhalten bei der Durchführung verlassen.[67]

Am 10. April 1978 ist der Lösungsvorschlag als offizielles SR-Dokument S/12636 veröffentlicht worden.

---

64 DB 345 aus NY vom 14.2.1978; DB 38 aus Kapstadt vom 17.2.1978; DB 399 aus NY vom 21.2.1978; DB 483 aus NY vom 2.3.1978; DB 541 aus NY vom 10.3.1978.

65 DB 399 vom 21.2.1978; DB 418 vom 22.2.1978; DB 426 vom 23.2.1978; DB 653 vom 22.3.1978 – alle aus NY -.

66 DB 680 aus NY vom 28.3.1978; DB 102 aus Kapstadt vom 30.3.1978.

67 DB 665 aus NY vom 24.3.1978; DB 710 aus NY vom 30.3.1978 Als AM Botha am 30.3.1978 die „impartiality of the UN" in Zweifel zog, reagierten die fünf Botschafter wie folgt: „We urged him not to assume arbitrary action on the part of the Secretary General, reminding him that the Five were in any case themselves not going to walk away from the problem." (DB 102 aus Kapstadt vom 30.3.1978).

In Kapstadt fanden die fünf Botschafter bei ihrer Démarche vom 30. März einen AM Botha vor, bei dem inzwischen das in den Köpfen fast aller Apartheid-Anführer fest eingenistete Dogma wieder stabilisiert war, wonach auf den von Moskau dirigierten Kontrakurs der SWAPO, den milde FLS-Winde kaum beeinflussen könnten, Verlaß sei. Die am Ende der Simultangespräche verbliebenen Haupteinwände Nujomas waren in der Tat geeignet, hierzu beizutragen. Und was seitens der SWAPO alsbald folgte, schien das Dogma zu bestätigen. PM Vorster versuchte zunächst, die interne Verantwortung für den Umgang mit dem SR-Plan der Turnhalle und anderen Namibiern zuzuschieben. Beraten vom GenV beurteilten in der Tat DTA-Führer Mudge, einige andere Gruppen und namhafte namibische Kirchenführer den Plan positiv.[68] Die Fünf bestanden jedoch auf der Verantwortung der Südafrika-Regierung. Am 25. April konnten sie melden, das Südafrika-Kabinett habe den Lösungsvorschlag am gleichen Tage angenommen. Der PM werde dies um 16 Uhr im Parlament verkünden.[69]

Tags zuvor hatte in New York auf Betreiben der VN-Afrikagruppe eine Sonder-Generalversammlung (SGV) über Namibia begonnen. Da die KG kein positives Signal von SWAPO mehr erhalten hatte, war es ihr nicht gelungen, vorher eine SR-Sitzung und darin die SR-Annahme des Lösungsvorschlags herbeizuführen. Folglich fehlte jetzt dieser Schutzschild gegenüber der Kritik Radikaler in der SGV. So predigte Sowjetunion-Botschafter Trojanovski am 25. April, die Macht sei sofort an SWAPO zu übergeben, gegen Südafrika müßten bindende Sanktionen verhängt werden, vor den Manövern der angeblich eine Lösung betreibenden westlichen Staaten sei zu warnen, denn diese verfolgten nur ihre Wirtschaftsinteressen. Wie schon in der letzten regulären GV stand auch am Ende der SGV (3. Mai) ein Schlußdokument, das in scharfem Ton SWAPO als „sole and authentic representative“ qualifizierte und zum „bewaffneten Kampf mit allen Mitteln“ aufrief. Die Fünf hätten zur Sache mit Nein gestimmt, übten aber wie seit Beginn ihrer Initiative bei allen GV-Resolutionen zu Namibia wegen ihrer Vermittlerrolle formale Enthaltung ohne Stellungnahme zur Sache. Die Abstimmung endete mit 119 Ja-Stimmen bei 21 Enthaltungen. Die damaligen EG-Kandidaten Griechenland, Spanien und Portugal haben mit Ja gestimmt. Enthalten haben sich außer den KG-Fünf die 6 weiteren EG-Staaten, ferner Österreich, Schweden, Island, Norwegen, Finnland, Australien, Neuseeland, Japan, Israel und Guatemala.[70]

Am Rande der SGV fand am 26. April ein internes Treffen der FLS und Nigerias mit Nujoma statt. Dieser verhielt sich zum Lösungsvorschlag derart negativ, daß es zu einer heftigen Auseinandersetzung zwischen ihm und AM Mkapa (Tanzania) kam. Mkapa wandte sich anschließend fernmündlich an Staatschef Obasanjo in Lagos; er erreichte dessen Weisung an AM Garba (Nigeria), ein Treffen zwischen Nujoma und

68 DB 102 aus Kapstadt vom 30.3.1978; DB 766 aus NY vom 4.4.1978.

69 DB 146 und DB 148 aus Kapstadt vom 25.4.1978

70 DB 964 aus NY vom 25.4.1978; DB 1044 aus NY vom 3.5.1978

AM Vance in Washington zu arrangieren. Garba solle selbst teilnehmen. Unverzüglich hat Vance die Beiden empfangen (Vormittag des 27. April). Auch diese Aussprache führte zu keiner Bewegung des SWAPO-Führers. Er beharrte auf allen Forderungen, die er bereits am 11. Februar in den Simultangesprächen vorgetragen hatte.[71]

Ungeachtet ihres radikalen Finales brachte die SGV von einer deutlichen Mehrheit auch in der Afrikagruppe grundsätzliche Zustimmung zu KG-Initiative bei Kritik zahlreicher Redner an einzelnen Punkten des Lösungsplans, insbesondere an der Nichteinbeziehung der Wavis-Bay-Frage. Als Höhepunkt wurde am Nachmittag des 27. April die Rede Nujomas erwartet. Nicht wenige neigten zu derHoffnung, das Ja zum Lösungsplan zu erleben. Nicht so die Fünf, da sie schon Nachricht aus Washington besaßen. Nujoma schlug gegen die KG die seit Beginn der Initiative aggressivsten Töne an. Er gab sich erbost über die Vorlage des Vorschlags im SR ohne Zustimmung der SWAPO. Auch sprach er von Wegfall der Vertrauensgrundlage angesichts hinterlistiger KG-Absprachen mit Südafrika außerhalb des Lösungsvorschlags. (Tatsächlich existierte nichts dergleichen. SWAPO hatte sich einen Zusammenhang zwischen Gerüchten über eine Londoner Fünferkonferenz und der frühen Südafrika-Zustimmung zurechtkonstruiert.) Wie schon bei Vance zählte Nujoma wiederum alle SWAPO-Bedingungen vom 11. Februar auf, erteilte der KG also praktisch eine Absage. Die Möglichkeit weiteren Verhandelns schloß er nicht aus. Die Fünf schieden fast mutlos. Trojanovski strahlte.[72]

Am 4. Mai haben Südafrika-Streitkräfte das SWAPO-Flüchtlingslager Kassinga im Süden Angolas überfallen und dabei über 500 SWAPO-Angehörige, darunter viele Frauen und Kinder, getötet. Die brutale Aktion war militärisch irrelevant, aber politisch dem Südafrika-Ziel nützlich, die KG-Lösung zu sabotieren. PM Vorster hatte dem notorischen SR 385-Hasser P.W. Botha, seinem Verteidigungsminister, freie Hand gelassen. Nicht die SGV, aber dieser Südafrika-Gewaltstreich hat die Namibia-Initiative in eine Krise gestoßen. Er machte es den FLS und Nigeria politisch unmöglich, durch sichtbaren Druck auf SWAPO jetzt die Zurücknahme von deren Änderungswünschen zur Substanz des Lösungsvorschlags zu erwirken. Auf Antrag Angolas begann schon am 6. Mai eine harte Kassinga-Debatte im SR, die fast den Eindruck einer Beerdigung der Namibia-Initiative erweckte. Jedenfalls waren alle Chancen dahin, ihn etwa noch im Mai durch den SR zu bringen.[73] Eine noch am 3. Mai mit Nujoma vereinbarte neue Runde in New York für den 8. Mai ist von diesem am 7. Mai schriftlich abgesagt worden:

> „The SWAPO Central Committee which mandated our delegation in the talks has decided to urgently recall us in the light of the current pre-meditated and unprovoked aggression, through a massive armed invasion of the People‘s Republic of Angola by the fascist troops of racist South Africa, which is illegaly

71 DB 990 aus NY vom 27.4.1978.

72 DB 1012 aus NY vom 28.4.1978

73 DB 1074 aus NY vom 6.5.1978; DB 1100 aus NY vom 9.5.1978.

> utilizing Namibia for such criminal acts. As a result of this invasion hundreds of innocent Namibian men, women and children were killed and wounded and valuable property destroyed at Kassinga in southern Angola. Since the conclusion of the Security Council debate on the complaint of Angola against South Africa, I received further information about the devastation and destruction brought upon our refugee settlement by enemy forces. This situation requires our immediate presence there to appraise the circumstances of this barbaric act and to evaluate the extent of loss in human life and property."[74]

Erst ein FLS-Gipfel mit SWAPO vom 10. und 11. Juni 1978 in Luanda bot Aussichten, die Stagnation zu überwinden.[75] Präsident Nyerere hat die fünf Botschafter in Daressalam als beauftragter FLS-Sprecher am 16. Juni wie folgt informiert und beraten:

a) Der Gipfel habe dem FLS-Anliegen der friedlichen Lösung besser gedient als erwartet. Praktisch sei SWAPO von allen Änderungsforderungen abgegangen mit Ausnahme des Verlangens, die Südafrika-Resttruppe nicht in Grootfontein oder Oshivelo zu stationieren, sondern südlich von Windhuk. Seines Erachtens sei dies nicht Nujomas letztes Wort.

b) SWAPO verlange eine SR-Zusicherung, wonach Walvis Bay zum Territorium Namibias gehöre („is an integral part").

c) Von der Anrechnung des Südafrika-Kontingents in Walvis Bay sei keine Rede mehr gewesen.

d) Die KG möge zunächst Südafrika über den Luanda-Gipfel unterrichten und sich um Zustimmung zu a) und b) bemühen. Danach möge sie ein Treffen mit SWAPO in Luanda anstreben.[76]

AM Botha hat am 28. Juni jegliche Änderung der Regelung für die Standorte der Resttruppe abgelehnt. Es hat sich auch gegen den KG-Vorschlag gesperrt, Pretoria möge unter der Bedingung, daß SWAPO den Gesamtplan, wie er war, akzeptierte, auf Oshivelo freiwillig verzichten, also nur Grootfontein behalten.

So blieben die Fünf auf noch mehr Bewegung von SWAPO angewiesen. Sie steigerten den Einsatz, indem sie nun Bundeskanzler Helmut Schmidt KG-Mandat zu dem Versuch erteilten, anläßlich seines Lagos-Besuchs bei Präsident Obasanjo vom 26. bis 28. Juni um weitere Hilfe gegenüber SWAPO einzukommen. Der Bundeskanzler stellte in den Vordergrund, daß SWAPO nicht durch Sicherheitssorgen motiviert sei, sondern durch vollkommen verständliche Bedenken wegen der Gefahr der Wählereinschüchterung. Dem könne und müsse man bei beiden Standorten, Oshivelo und Grootfontein, durch umso stärkere VN-Truppenkonzentration abhelfen. Obasanjo stimmte zu und widersprach auch nicht der folgenden Einlassung des Bundeskanzlers zu Walvis Bay:

---

74 DB 1085 aus NY vom 8.5.1978.

75 DB 1373 aus NY vom 6.6.1978

76 DB 1449 aus NY vom 12.6.1978

„The Federal Government is prepared to endorse a positive and supportive statement in the Security Council in which the United Nations will make a firm commitment that Walvis Bay should be part of Namibia and that the international community will support efforts to have that territory returned to Namibia speedily.“

Helmut Schmidt nützte von sich aus auch seinen anschließenden Besuch in Lusaka vom 29./30. Juni zum gleichen Vorstoß bei Präsident Kaunda und erzielte eine ähnlich positive Reaktion. Die New Yorker KG war ermutigt und veranlaßte Weisung an die Fünf in Daressalam, zu Nyerere zu gehen und das Momentum zu nutzen. Dieser empfahl eine Schlußrunde der KG mit SWAPO vom 10. bis 12. Juli in Luanda auf der Basis des unveränderten Lösungsvorschlags. Er legte besonderen Wert darauf, daß Angola bei dieser Runde den Vorsitz führe, entsandte AM Benjamin Mkapa und forderte die übrigen FLS auf, in Luanda ebenfalls hochrangig vertreten zu sein.[77]

Für die Fünf hatte die Stunde der Entscheidung geschlagen. Im Bewußtsein dieser Verantwortung reiste das Stamm-Quintett von New York über Lissabon nach Luanda. Als britisches Mitglied war an die Stelle von Murray jetzt Mervyn Brown getreten. Angola hatte offenbar beschlossen, dieser SWAPO-Runde den Anstrich einer internationalen Konferenz hohen Ranges zu geben. Das Quintett wurde am 9. Juli 1978 auf dem Flughafen von Luanda vom stellvetretenden PM José Eduardo dos Santos und von dem im Zentralkomitee der MPLA die Außenpolitik beherrschenden Politiker Pascual Luvualu feierlich empfangen, im staatlichen Gästehaus untergebracht und ständig mit erstklassiger protokollarischer Aufmerksamkeit bedacht. Die Konferenz fand im großen Sitzungssaals des Rathauses statt, dem damals einzigen repräsentativen Konferenzsaal, der nicht dem Befreiungskrieg und der überall noch offensichtlichen Zerstörungswut der 1975 abziehenden und möglichst wenige Werte zurücklassen wollenden portugiesischen Kolonialherren zum Opfer gefallen war. An der von Luvualu und dos Santos am 10. Juli geleiteten Eröffnungssitzung nahmen außer der KG eine sechzehn-köpfige SWAPO-Delegation unter Präsident Nujoma, ferner AM Mkapa und Mark Shona, der in den FLS einflußreiche Berater von Präsident Kaunda, sowie Verteter der Regierungen von Mosambik und Botswana teil.[78]

Luvualu ließ in seinem einleitenden Appell keinen Zweifel daran, wie wichtig und vordringlich für Angola die Einigung war, indem er die Chance beschwor:

„.... for seeking – with good will and the combined efforts of the five Member Countries of the Security Council, the Front Line Countries and SWAPO – a just and definitive solution which is in keeping with the most legitimate inte-

77 DB 1670 und 1671 vom 30.6.1978; DB 1684 vom 3.7.1978; DB 1688 vom 5.7.1978; DB 1694 vom 6.7.1978; DB 1724 vom 13.7.1978 – alle aus NY – Bundeskanzler Helmut Schmidt hat die Namibia-Initiative auch öffentlich erwähnt in Lagos am 27.6. und in Lusaka am 29.6.1978 (vgl. „The Visit of the Federal Chancellor to Nigeria and Zambia.“ Presse- und Informationsamt Bonn, 1978, S. 29 und S. 55).

78 Anführer der SWAPO-Delegation waren außer Nujoma Ben Gurirab und Hidipo Hamutenya.

rests of the Namibian people and of all peace-loving peoples of this region of the African Continent.“

In den dann nur zwischen KG und SWAPO geführten Verhandlungen, die immer wieder von der KG gezielt durch lange Pausen in FLS-Gesellschaft unterbrochen wurden, um SWAPO ständig in die FLS-Zügel eingespannt zu halten, beharrte Nujoma unbeweglich auf seinen bekannten Einwänden gegen den Lösungsplan. Erst am Abend des 12. Juli konnte die KG durch bohrende Fragen dem sich immer wieder windenden SWAPO-Chef ein resignierendes Nicken abringen, das sie sofort laut als Ja kassierte zu der zigfach erflehten Zusage, SWAPO werde im SR keine Textänderungen mehr verlangen.

Vorbedingung jenes Nickens war die extrem schwierige Einigung auf eine gesonderte SR-Resolution zu Walvis Bay gewesen. SWAPO hatte dabei zwar nicht auf „as an integral part“ bestanden, aber die Aussage abgelehnt, daß die Einbeziehung in das Gebiet Namibias durch „negotiations“ oder durch „agreement“ erfolgen solle. Ein derartiges Eingehen auf die aktuelle Rechtsanmaßung Pretorias gehe zu weit; anstatt durchgreifendes SR-Vorgehen anzukündigen, überlasse man die Initiative den Südafrikanern; dabei sei allen bekannt, daß Pretoria sich gegen Verhandlungen sperre. In der Nacht vom 11. zum 12. Juli war – dank entscheidender Mithilfe AM Mkapas und Mark Shonas von hinter den Kulissen – Folgendes erreicht worden:

Die KG bestand nicht auf ihrem Vorschlag: „The Security Council decides to lend its full support to the initiation of steps necessary on the reintegration of Walvis Bay and independant Namibia.“ Dieser Satz sollte vielmehr enden: „.... of steps necessary to ensure early reintegration of Walvis Bay into Namibia.“ So endete das Tauziehen mit der Einigung auf den Text, der schließlich wörtlich als der Kernsatz (op. Para. 2) in die Walvis-Bay-Resolution des SR vom 27. Juli 1978 (SR 432) eingegangen ist. Die Fünf beeilten sich, allerseits klarzustellen, daß mit „necessary steps“ nichts anderes als Verhandlungen zwischen Südafrika und Namibia in Betracht komme. SWAPO sah davon ab, sich dagegen aufzulehnen.

In der Schlußsitzung der vollkommen erschöpften Teilnehmer gönnte SWAPO der KG für das gemeinsame Schlußkommuniqué nicht die simple Erfolgsmeldung, daß SWAPO dem Lösungsplan zugestimmt habe, sondern der tragende Satz lautet nur:

> „During two days of frank and cordial discussion certain points in the proposal of the five powers were clarified and the two delegations accordingly agreed to proceed to the U.N. Security Council thus opening the way to an early internationally acceptable settlement of the question of Namibia.“

Dennoch konnte der Deutsche im Quintett der Neigung nicht widerstehen, in seinem Bericht an das Auswärtige Amt in Bonn den Ausklang wahr und anschaulich zu schildern:

> „Nach den Schlußworten von Luvualu, McHenry und Nujoma demonstrierten die FLS-Vertreter unverhohlen ihre Erleichterung und ihren Beifall für das Ergebnis. Während AM Mkapa vor den Augen der eher verwunderten SWAPO-

> Leute eine freudentanz-ähnliche Drehung vollführte, wurde jeder der westlichen Fünf und dann auch Nujoma vom alten würdevollen Luvualu hörbar auf beide Wangen geküßt."[79]

AM Genscher telegraphierte am nächsten Tage Glückwünsche an das Quintett und Dank für unermüdliche Einsatzbereitschaft.[80]

XI. Erfolg, – doch kein Grund zum Feiern

In der Tat hatten die Fünf Ungewöhnliches und noch vor kurzem von den meisten VN-Mitgliedern kaum Erwartetes erreicht: Die Mehrheit im SR einschließlich aller Afrikaner schickte sich an, einen westlichen Plan betreffend das südliche Afrika zu beschließen trotz erbitterter VN-Verurteilungen des Westens wegen seiner Beziehungen zu Südafrika und trotz beachtlichen sowjetischen Einflusses in der Region. Insoweit standen die Fünf nun auf gesichertem Boden.

Keineswegs blickten sie mit gleicher Zuversicht auf Südafrika. Die „interne Lösung" war für Pretoria die Alternative geblieben, und der KG war bewußt, daß neben den nicht hinnehmbaren Interessen, Namibia weiter zu beherrschen und Apartheid weiter abzuschirmen, auch legitime Südafrika-Vorbehalte gegen die VN-Lösung bestanden und deren Überzeugungskraft schwächten: Die Symptome für eine zugunsten der SWAPO parteiische Rolle der VN und der Verdacht, SWAPO werde eine radikal antiweiße Diktatur errichten. „Impartiality" und rechtsstaatliche Garantien würden letztlich als unausweichliche KG-Aufgaben anzugehen sein. Diesen würden sich alle Fünf auch innenpolitisch zu stellen haben.[81]

Der SR hat am 27. Juli 1978 die „Mandatsresolution" SR 431 beschlossen mit 13 Ja-Stimmen bei Enthaltungen seitens der Sowjetunion und der Tschechoslowakei. Die Zustimmung Chinas kam überraschend, denn Peking hatte sich bisher noch nie an Abstimmungen über friedenserhaltende Maßnahmen beteiligt. In der Resolution wird der westliche Lösungsvorschlag zur Kenntnis genommen und der GS aufgefordert, den UN-SpR zu ernennen, sowie unverzüglich einen Plan zur Durchführung des Lösungsvorschlags im Einklang mit SR 385 vorzulegen. Ohne den in Luanda vereinbarten Text zu ändern, nahm der SR danach einstimmig die „Walvis-Bay-Resolution" SR 432 an. Wie dem veröffentlichten Protokoll der SR-Sitzung S/PV.2082 zu entnehmen ist, haben die AM Genscher, Owen, Vance, de Guiringaud und Botha persönlich an der Sitzung teilgenommen. Vorherigem Einvernehmen entsprechend hat als erster Sprecher GS Waldheim bekanntgegeben, er ernenne Ahtisaari zum UN-SpR.

---

79 DB 1733 aus NY vom 14.7.1978.

80 DE 3492 aus Bonn (Ref. 320) vom 13.7.1978.

81 DB 1017 aus NY vom 1.5.1978; DB 1860 aus NY vom 4.8.1978 DB 1929 aus NY vom 18.8.1978

Am 29. August sorgte der GS für erhebliches Aufsehen, als er den in SR 431 geforderten Plan vorlegte (S/12827) und darin für den militärischen Teil von UNTAG 7.500 Personen, für die zivile Komponente 1.560 Personen verlangte. In der Annahme eines einjährigen Einsatzes von UNTAG schätzte er die Kosten auf 300 Mio. US-Dollars. Wegen der für diesen UNTAG-Aufbau benötigten Zeit könnten die Wahlen erst für Ende April 1979 vorgesehen werden.

Schon zwei Tage darauf hielt der in New York weilende Staatssekretär Fourie der KG vor, die Zahl 7.500 komme für Südafrika absolut überraschend und sei nicht akzeptabel. Es gehe da um eine „hochemotionale und politische Frage". In der Sache blieb auch AM Botha am 1. September bei dieser Position. Pretoria hatte, nachdem die Erwartung des Scheiterns der KG an SWAPO-Blockaden getrogen hatte, immer noch das feste Vertrauen in der Reserve, bei Wahlen gemäß dem KG-Plan mit jenen maximal 1.000 UNTAG-Leuten, auf die Südafrika eingerichtet war, schon fertig werden zu können und trotz deren Anwesenheit über genügend bewährte Steuerungs- und Einschüchterungsmaschinerien zu verfügen, um „seinen" Schwarzen zu zeigen, wie sie zu wählen haben. Jetzt vom GS mit 7.500 plus 1.560 konfrontiert zu werden, war ein Schlag ins Kontor. Er fegte die Perspektive eines Sieges der Turnhalle-Kräfte hinweg. Daher PM Vorsters sofortiger Entschluß, dem zeitaufwendigen Aufbau einer solchen VN-Macht zuvorzukommen durch eigenmächtige Festsetzung eines Wahltermins schon auf Ende 1978. Dies meldete die Deutsche Botschaft Pretoria bereits am 31. August.[82] Am 19. September ließ der PM das Kabinett beschließen: Wahlen vom 20. bis 24. November. Aus technischen Gründen veranlaßte der GenV eine Verschiebung auf 4. bis 8. Dezember 1978.[83]

In New York konsultierten am 25. September die zur GV und in Erwartung der entscheidenden Namibia-Sitzung des SR anwesenden Außenminister der Fünf. Sie waren konsterniert. AM Genscher schlug vor, alle fünf Außenminister sollten Mitte Oktober zusammen nach Pretoria reisen und dem neuen Südafrika-Regierungschef die Konsequenzen eines derartigen Wortbruchs klarmachen. Er fügte hinzu, die Fünf müßten dabei auch bereit sein, „eine glaubwürdige Drohung" auszusprechen. Das anwesende, doch zu diesem Besuchsprojekt nicht befragte New Yorker Quintett wunderte sich.[84]

Die Nachrichten aus Pretoria lagen wie eine dunkle Wolke über der historisch herausragenden SR-Sitzung vom 29. September 1978, in der SR 435 angenommen worden ist, jene Resolution (Anhang B), die erst das ausdrückliche Ja des SR zum westlichen Plan gebracht hat und totz gefährlicher späterer Anfechtungen unverändert das Fun-

82 DB 417 aus Pretoria vom 31.8.1978.

83 DB 466 aus Pretoria vom 20.9.1978; DB 492 aus Pretoria vom 27.9.1978 (Zur Südafrika-Spekulation auf SWAPO-Blockadehaltung vgl. DB 271 aus Pretoria vom 14.7.1978; zur KG-Reaktion auf den Beschluß des Südafrika-Kabinetts vom 19.9.1978 vgl. DB 2239 aus NY vom 20.9.1978).

84 DB 2302 aus NY vom 25.9.1978; DB 2381 aus NY vom 28.9.1979; DB 2407 aus NY vom 30.9.1978. Zur SR-Rede Genscher siehe *Verfasser* in ZEI a.a.O. S. 232/233.

dament der schließlich erkämpften Namibia-Lösung geblieben ist (zur SR-Debatte vgl. Protokoll S/PV.2087 und 2088). In der Abstimmung gab es wiederum 13 Ja-Stimmen. China nahm an der Abstimmung nicht teil, meldete sich aber später mit der Erklärung, Peking werde für UNTAG nichts bezahlen. Sowjetunion und Tschechoslowakei enthielten sich der Stimme. Dem Kreml war das grüne SR-Licht für einen Plan von 5 NATO-Staaten zuwider. Aber er befand sich im gleichen Dilemma wie Pretoria: Auch er war stets sicher gewesen, daß „seine" FLS- und SWAPO-„Brüder" nie und nimmer mit den „Neo-Kolonialisten und Apartheid-Komplizen" paktieren würden. So hatte er ständig wiederholt, das südliche Afrika gehöre den Afrikanern; was diese und insbesondere die Befreiungsbewegungen wollten, das habe zu gelten. Woher nun die Argumente für ein Veto nehmen?

B. 1979 bis 1982: Trotz Verzögerungstaktik Pretorias zwei Meilensteine der Vertrauensbildung

I. Karneval in Pretoria

Vor ein weitaus gravierenderes Dilemma hatten die 5 Außenminister mit ihrem spontanen Reiseprojekt die KG gestellt. Für alle in den VN und auch für die Weltpresse[85] stand fest, daß eine Delegation solchen Kalibers selbstverständlich bei P.W.Botha die korrekte Ausführung von SR 435, also den Verzicht auf die Dezemberwahlen, durchsetzen würde. In der Tat hatte die KG von ihren 5 Außenministern Weisung erhalten, in New York zusammen mit hohen Beamten aus den 5 Außenministerien und mit Wirtschaftsexperten Vorschläge von Maßnahmen zu erarbeiten, die bedrohlich genug ausfallen sollten, um Pretoria zum Einlenken zu bewegen. Nach viertägiger Klausur erzielte das Quintett Einigung mit den aus den Hauptstädten Abgesandten, daß die negativen Folgen von Sanktionen für die eigene Wirtschaft eines jeden der Fünf weniger schädigend ausfallen würden als die negativen politischen Folgen eines Versagens in Pretoria (Vertrauensverlust bei den Afrikanern, gesteigerter Sanktionsdruck im SR, Verschärfung des bewaffneten Kampfes, Einflußzuwachs Moskaus). Sie stellten selektive, rasch und gezielt die Elite empfindlich treffende Maßnahmen zur Auswahl, z.B. Sperren im Luft- und Seeverkehr, Oelembargo, Sperren im Kredit-, Devisen-, Bank- und Außenhandelsbereich. Ihr Hauptplädoyer war jedoch, die „glaubwürdige Drohung“ müsse jedenfalls das „stern action“- Signal vom 7. April 1977 verschärfen und die konkrete Gefahr noch deutlicher ins Blickfeld rücken, daß westlicher Widerstand gegen Sanktionen nach Kapitel VII nicht mehr garantiert werden könne.[86]

Es kam anders.

Im Union-Building von Pretoria sprachen vom 16. bis 18. Oktober 1978 die AM Vance, Genscher, David Owen und Donald Jamieson (Kanada), sowie Staatssekretär Stirn (Frankreich) mit PM P.W.Botha und AM Roelof Botha, denen ihre Experten ständig assistierten. Auf Vorschlag Owens hatten kurz vor Beginn der ersten Sitzung die westlichen Außenminister allen ihren Beratern einschließlich des anwesenden New Yorker

85 DB 535 aus Pretoria vom 11.10.1978 (betreffend FAZ); Der Spiegel 1978, Nr. 42 (S.140-142), Nr. 43 (S.162).

86 DB 2417 aus NY vom 2.10.1978; DB 2483 vom 5.10.1978. Wissend, wie heikel der anstehende Stoff bei jedem zu Hause war, hatte das Quintett tief in die VN-Vergangenheit zurückgegriffen und als schützenden Präzedenzfall ein Korea-Dokument von 1952 hervorgezogen: Report of the Collective Measures Committee 1952, Doc.Ga.Official Records: 7th Session, supplement No. 17 (A/2215) page 20, vgl. ferner DB 2552 aus NY vom 8.10.1978; DB 2573 aus NY vom 9.10.1978; DB 2586 aus NY vom 10.10.1978 (Die hier aufgezeigte Linie ist vom Deutschen im Quintett mit Nachdruck vertreten, von aus Bonn hinzugekommenenen deutschen Beamten dagegen nur widerstrebend hingenommen worden.).

Quintetts die Teilnahme untersagt. Deren südafrikanische Kollegen waren sichtlich erheitert. Die Bothas stützten sich im Konferenzsaal auf die solide Hilfe des GenV Steyn, des Staatssekretärs Fourie, des Verteidigungsministers General Malan und noch mehrerer Fachleute aus dem Außenministerium.[87]

Der PM sprach einleitend ausführlich über historische Südafrika-Verdienste seit dem Ersten Weltkrieg um die Verteidigung westlicher Freiheitswerte und um westliche Interessen (an die Adresse Genschers z.B. auf Südafrika-Hilfen gegen die Berlin-Blockade 1948/49 hinweisend), über die vitalen westlichen Bindungen an Südarifka (z.B. Kap-Route für die Ölversorgung) und über die aktuelle sowjetische Einflußexpansion auf dem afrikanischen Kontinent. Er bestand auf dem Recht der Namibier, im Dezember „Nein zum Marxismus“ zu sagen. Südafrika sei ein gut geordnetes Land. Die Außenminister sollten lange bleiben und auf jeden Fall Kapstadt besuchen.

Vance, Genscher und Owen erinnerten an den Ernst der Lage. Mit Obstruktion gegen die Namibia-Initiative arbeite Südafrika Moskau in die Hände. Gewiß stünden die Befreiungsbewegungen heute den Sowjets nahe, doch dies sei weitgehend Folge des Versagens des Westens im Umgang mit ihnen. Genscher sagte voraus, daß die vorgezogenen Wahlen den Abbruch aller Unterstützung seitens der Afrikaner auslösen würden. Die Fünf würden solche Wahlen ablehnen und als null und nichtig behandeln.

Daß Genscher nichts Schärferes als Reaktion der Fünf androhte, ließ P.W. Botha aufhorchen und schon in dieser einleitenden Phase in einen zunehmend herausfordernden Ton verfallen. Die Truppenzahl 7.500 sei „abredewidrig“. Die Fünf hätten dem GS ein falsches Bild hinsichtlich der hinnehmbaren Zahl gegeben. Wozu so viele? Südafrika habe von Parität der VN- mit den eigenen Truppen ausgehen dürfen. Nichts werde Pretoria dazu bewegen können, auf die Dezemberwahlen zu verzichten. Wenn der Westen das wolle, so stehe man eben am Ende der Verhandlungen mit der KG und mit den VN. Es gehe darum, daß nach den Wahlen statt Pretorias dann ein gewähltes namibisches Gremium die Verhandlungen in die Hand nehme.

Die fünf Außenminister waren auch beim Abendessen vom 16. Oktober am separaten Haupttisch um PW.Botha, AM Botha und General Malan platziert. Die KG-Begleiter

87 Vgl. zur Aussperrung Verfasser in ZEI a.a.O. S. 233, Fußnote 25: Gegenüber kanadischen Medien hat Jamieson hierzu später erläutert, wo es sich um hohe Politik handle, da hätten „hair-splitters“ und „nit-pickers“ nichts zu suchen. Amusant unlogisch hierzu auch Vance, a.a.O. S.309. Recht unsanft dazu: McHenry, in Weiland/Braham a.a.O., S. 35: „The foreign ministers did what foreign ministers always do: they act on the basis of very little knowledge. They do not get themselves fully briefed and are inclined to consider what staff say as bureaucratic nit-picking when in fact it often involves fundamental issues. Two foreign ministers, the British and the Canadian, decided it was all a political matter to be solved by politicians, so they excluded the Contact Group. What you had were five ministers and the South African team, who took them to lunch!“ -- Die ausgesperrte Delegation Genschers bestand außer dem deutschen Quintett-Mitglied aus Klaus Kinkel, Helmut Müller, Leonhard Kremer, Karl Lewalter, Jürgen Sudhoff. Mit AM Genscher in der Runde bleiben durfte nur die deutsche Dolmetscherin des Auswärtigen Amts, Frau Gisela Niederste-Ostholt.

saßen entfernt am „Katzentisch". Der PM war inzwischen seiner Sache so sicher, daß er in einem anmaßenden Tone des Spotts sich lustig machte über die aktuellen Ungewißheiten der Wiederwahl, denen Vance, Owen und Jamieson zu Hause ausgesetzt seien. Als er sich anschickte, in gleicher Weise auch Genscher zu brüskieren, schlug dieser so hart auf den Tisch, daß die Gläser tanzten, und erklärte, die Regierungen der Fünf stünden jedenfalls auf legitimer demokratischer Basis im Gegensatz zu der in Südafrika, wo vier Fünftel der Bevölkerung nicht an Wahlen teilnehmen dürften. Im übrigen wäre der PM gut beraten, mit dem deutschen Außenminister noch lange zu rechnen. Damit verließ Genscher, gefolgt von den anderen Vieren, vor Abschluß des Essens den Saal. Bestürzt eilten die Bothas ihnen in den Nebenraum nach und erwirkten in besänftigenden Tönen die Wiederaufnahme des Gesprächs. P.W. Botha legte dar, die Dezemberwahlen würden nach demokratischen Regeln durchgeführt. SWAPO stehe es frei teilzunehmen. Südafrika könne gut allein zurechtkommen, würde dabei aber gern international verstanden werden. Die Fünf könnten Beobachter entsenden. Sollten sie diese korrekten Wahlen verhindern, so müßten sie die Konsequenzen tragen. Die VN seien offensichtlich parteiisch zugunsten der SWAPO, wie man schon allein an der „sole and authentic"-Resolution erkenne. Der Waldheim-Bericht gehe mit Polizei und Truppenzahl in einer Weise um, die vom Lösungsplan abweiche. Die Fünf seien mehrfach wortbrüchig gewesen, so beim Verhältnis GenV/UN-SpR und in der Walvis-Bay-Frage. Die 5 Außenminister reagierten auf dergleichen, auch später mehrfach von AM Botha wiederholte, Falschbehauptungen unsicher, was bei Teilnahme ihrer Experten nicht denkbar gewesen wäre. Der PM fuhr fort, das namibische Volk vertraue nur Pretoria, und dieses Vertrauen sei seiner Regierung wichtiger als das der Fünf, die den Wahlen SWAPO zuliebe die Anerkennung versagen wollten. „Mit dem Waffenembargo konnte man uns nicht schrecken. Gern würde ich Ihnen unsere Waffenfabriken zeigen." Als Vance die Zusammenhänge bezüglich der Truppenzahl erläutern wollte, fiel der PM ihm ins Wort: „Akzeptiert unser Vorgehen, oder Ihr steht in Afrika auf der Verliererseite!" Auf seine Bemerkung, das Gespräch nehme jetzt absurde Züge an, bekam der Franzose Stirn zu hören, er könne ja gehen. Franzosen hielten nicht Wort, wie man ja nach dem Waffenembargo habe sehen können. In Namibia habe Südafrika enorm investiert. Dafür werde Pretoria jeder dortigen Regierung, auch wenn sie aus der DTA bestehe, die Rechnung präsentieren und notfalls die Bezahlung mit der Waffe erzwingen. Als die Fünf insistierten, die Wahlen seien mit SR 435 nicht vereinbar, verwies der PM sie auf die Souveränität Südafrikas. Niemand solle sich einbilden, hier herrsche SWAPO. Keinesfalls komme den VN zuliebe eine Verschiebung der Wahlen in Betracht.

P.W. Botha schloß seinen lauten Monolog, der ungeordnet wie alles in diesem hochpolitischen Treffen war, mit dem erneuten Aufruf an die 5 AM, sie müßten mehr vom Lande sehen, um Südafrika zu verstehen. Sie seien eingeladen, mit ihm einen Flugzeugausflug nach Kapstadt zu unternehmen.

Am 17. Oktober führte in Abwesenheit des PM der Außenminister das Gespräch fort. Einlenkend erkannte er an, daß die Fünf immerhin einige, wenn auch leider nicht alle,

Südafrika-Bedenken gegen den Waldheim-Bericht ausgeräumt hätten. Nichts spreche dagegen, nach den Dezemberwahlen zu weiteren Wahlen unter VN-Beteiligung zu schreiten. Ein Datum dafür könne aber erst nach den Dezemberwahlen mit den dann gewählten namibischen Repräsentanten vereinbart werden. Dem widersprach Genscher. SR 435 lasse keinen Raum für interne Zwischenwahlen. Owen warf spontan die Frage auf, ob man statt der für Dezember vorgesehenen Wahl einer Verfassungsgebenden Versammlung sich nicht beschränken könnte auf die Wahl eines „beratenden Gemiums". Dessen Funktion könne man dann ja sogleich suspendieren. Gegen ein solches Manöver verwahrte sich AM Botha. Deutlich war ihm die Genugtuung darüber anzumerken, daß der Brite bereits so redete, als habe er sich mit dem Stattfinden der Wahlen abgefunden.

Die anschließende KG-interne Besprechung der 5 Außenminister mit ihren Mitgereisten und den Botschaftern nahm diesen jede Hoffnung, das Debakel noch abwenden zu können. Sie mußten zur Kenntnis nehmen, daß keiner der Außenminister von seiner Regierung die Ermächtigung mitgebracht hatte, die „stern action"-Karte zu ziehen. Owen wiederholte seine – nach einhelliger Meinung des Quintetts kontraproduzente – Idee vom „beratenden Gremium". Im Einvernehmen mit dem Quintett bestand Genscher darauf, strenge Orientierung an SR 435, Beginn der UNTAG-Vorbereitungen und ein festes Datum für VN-kontrollierte Wahlen durchzusetzen. Daß aber auch er fortfuhr, sich mit den zwischengeschobenen internen Wahlen abzufinden, wurde klar, als er dem Fazit Jamiesons und Owens nicht widersprach, die Fünf müßten wohl erst einmal „über die Wahlen hinwegkommen". Dann müsse man hart – notfalls mit Hilfe von Sanktionsdrohungen – auf SR 435 bestehen.

Als die Sitzung unter AM Bothas Vorsitz weitergeführt wurde, verteilten die Südafrikaner überraschend einen Entwurf von „interim conclusions", worauf die Fünf sich bezüglich der darin erwähnten Dezemberwahlen wiederum darauf beschränkten, diese würden als nichtig angesehen, zugleich aber Interesse an einer gemeinsamen Schlußerklärung bekundeten. Genscher mahnte an, nun zu Absprachen darüber zu gelangen, wie nach den mit SR 435 nicht vereinbaren internen Wahlen der Weg zum VN-Plan weiter verfolgt werden solle. Darauf konterte Botha, man sei wohl in einer Sackgasse; er sehe keine Hoffnung auf Einigung; Südafrika werde seinen Weg wohl allein gehen müssen. Vance hielt es an diesem Tiefpunkt für passend, zum Sitzungsschluß anzumerken, wenn am 18. Oktober nichts Besseres herauskomme, würden die Fünf die Einladung nach Kapstadt ablehnen.

Am 18. Oktober beteuerte AM Botha, daß Südafrika sich zu keiner Zeit seit Annahme des Lösungsvorschlags der Vorbereitung von UNTAG und der Anreise des UN-SpR zu Konsultationen mit dem GenV widersetzt habe. Die durch den GS-Bericht verursachten Schwierigkeiten hätten allerdings zu Verzögerungen geführt. Die Dezemberwahlen seien Voraussetzung für die weitere Ausführung des KG-Plans, denn nur die dabei gewählten namibischen „Führer" würden über die Kompetenz verfügen, dem GenV Weisungen zu geben bezüglich des mit dem UN-SpR zu regelnden Zeitpunkts für die späteren Wahlen gemäß SR 435. Dieser Umstand zeige, daß auch die Fünf ohne eine gewiss Anerkennung der Dezemberwahlen nicht an ihr Ziel gelangen könnten. Ohne Partnerschaft zwischen VN und den „Führern" könne kein Übergangsprozeß eingeleitet werden.

Nachdem die Fünf darauf bestanden hatten, die so Gewählten könnten keinesfalls als repräsentativ anerkannt werden, ging es nur noch um den Text einer gemeinsamen Erklärung. Es entstanden 3 Entwürfe, die alle gemeinsam hatten, daß sie zur Interpretation des Waldheim-Berichts und zum weiteren Prozedere zwischen UN-SpR und GenV Klarstellungen brachten, die den Aufwand des Anrückens von 5 Außenministern in keiner Weise plausibel zu machen vermochten, sondern in New York ohne Spektakel auf Arbeitsebene hätten erledigt werden können, ebenso wie als Ausdruck der Fünfermeinung zur Nichtigkeit der Wahlen ein Brief genügt hätte. Das Scheitern der Aktion der Außenminister war in zwei Entwürfen in die Feststellung gekleidet, daß die Fünf die Dezemberwahlen als „null and void" betrachten würden. Dagegen enthielt ein im Wesentlichen von deutscher Seite formulierter Entwurf immerhin die Passage:

> „The five Foreign Ministers stated with regard to the planned December elections that they would seriously put at risk the implementation of their proposal. They confirmed that the process leading to independence has to be in conformity with Security Council Resolution 435 in all its parts. They are convinced that there is no need for any internal measures affecting the electoral process which would be incompatible with Security Council Resolution 435 and will not recognize any such measures, and therefore dissociate themselves from any unilateral action."

Es kam zu keiner Einigung. Schließlich überließen die 5 Außenminister es den Südafrikanern, nach ihrer Abreise durch das Südafrika-Kabinett entscheiden zu lassen, welcher der 3 Entwürfe die gemeinsame Erklärung darstellen sollte. Am Ende dieses – nach den Erfahrungen aller AM-Begleiter in der Diplomatie einmaligen – Verfahrens ist die zitierte Passage entfallen. Die so zustande gekommene Erklärung beschränkte sich in Ziffer 5 auf die Aussage:

> „The five Foreign Ministers stated with regard to the unilateral elections in December that they saw no way of reconciling such elections with the proposal which they put forward and which the Security Council has endorsed. Any such unilateral measure in relation to the electoral process will be regarded as null and void."[88]

88 Auf Südafrika-Betreiben sind eine (so nicht vorgetragene) Version der Eröffnungserklärung des PM vom 16.10.1978, der Text des gemeinsamen Kommuniqués und der Text einer einseitigen Südafrika-Schlußerklärung veröffentlicht worden als VN-Dokument S/12900 vom 19.10.1978. Eine einseitige Fünfer-Erklärung erschien als VN-Dokument S/12902 vom 19.10.1978.

Zum Abschied im Büro P.W. Bothas versammelt mußten die 5 Außenminister dessen Behauptung, sie seien dabei, die Verhandlungen abzubrechen, und einen niemanden zu Worte kommen lassenden Redeschwall des PM über sich ergehen lassen, bis AM Genscher seine Akten hob und auf den Tisch niederkrachen ließ. In die so ausgelöste Stille hinein sprach er, dieses Benehmen lasse er sich nicht gefallen. Er verbitte sich die Unterstellung, die Fünf brächen die Verhandlungen ab. Dies geschähe allein infolge der Intransigenz der Gastgeber.

Der Abgang der Fünf vollzog sich dann in Ruhe.[89]

II. Mit dem Rücken zur Wand

In New York stand die „Gang of Five“ nun mit dem Rücken zur Wand. Aus den Reaktionen aller Afrikaner sprach tiefste Enttäuschung, oft verbunden mit vorwurfsvoller Bitterkeit. Abkehr von der KG und verstärkte Hinwendung zum bewaffneten Kampf und zu Zwangsmaßnahmen nach Kapitel VII standen im Raum. Fänden die Dezemberwahlen tatsächlich statt, so sei das SR 435-Projekt dahin. Da man noch nicht einmal ein Datum für VN-Wahlen und die volle Zustimmung zum Waldheim-Bericht erreicht habe, was solle dann der Sinn einer Entsendung des UN-SpR nach Windhuk sein? Der SR brachte die scharfe Verurteilung des Südafrika-Wahlprojekts zum Ausdruck in SR 439 vom 13. November 1978.[90]

Die internen Wahlen ohne SWAPO für eine Verfassungsgebende Versammlung mit 50 Sitzen haben in Namibia tatsächlich vom 4. bis 8. Dezember 1978 stattgefunden. DTA erreichte mit 82,2 % 41 Sitze, die rechtskonservative Aktionsfront zur Erhaltung der Turnhalle-Grundsätze AKTUR mit 11,9 % 6 Sitze. Die Südafrika-Behauptung, an dieser Wahl hätten 80,3 % der Wahlberechtigten teilgenommen, entspricht nicht der Wahrheit. Viele Schwarze, und insbesondere viele Ovambos (fast die Hälfte der schwarzen Gesamtbevölkerung, überwiegend SWAPO-Anhänger) haben dem Druck zur Wahlteilnahme widerstanden oder ungültige Stimmzettel abgegeben.[91]

Pretoria richtete sich nun offenbar fester denn je auf eine Taktik der Zweigleisigkeit ein: Einerseits sollte die VN- und SWAPO-freie Lösung stetig stabiler konsolidiert werden, andererseits wurde stetige Bereitschaft signalisiert, mit KG, GS und UN-SpR ohne Ende hinhaltende Konsultationen zu inszenieren mit den Zielen, außer Reich-

89 Die Informationen des Verfassers über die Ministergespräche vom 16. bis 18. Oktober 1978 in Pretoria beruhen auf seinen Gesprächen zu diesem Thema mit AM Genscher während der Tage in Pretoria und am 17.1.2001 in Berlin, ferner mit StS Brand Fourie am 28.6.1993 in Pretoria, sowie auf mit Genehmigung AM Genschers von Frau Niederste-Ostholt am 18. und 19.10.1978 erhaltenen Auskünften.

90 DB 2783 vom 24.10.1978; DB 2826 vom 26.10.1978; DB 2892 vom 31.10.1978; DB 2907 vom 1.11.1978; DB 134 vom 23.1.1979 – alle aus NY –.

91 DB 736 aus Pretoria vom 15.12.1978; Brenke, a.a.O., S. 24.

weite von Kapitel VII zu bleiben und schließlich, vor allem durch Mithereinnahme der DTA in alle Verhandlungsvarianten, die interne Lösung doch irgendwie in eine internationale hinüber zu manövrieren.[92]

Im Januar 1979 begann Ahtisaari die Vorbereitung der UNTAG-Operation. Niemand ahnte damals, daß bis zu deren Ausführung über 10 Jahre vergehen würden. Wie schon in der Einleitung erwähnt, wird in dieser Abhandlung auf die UNTAG-Entwicklung nur insoweit eingegangen, als der KG-Verhandlungsprozeß wesentlich davon beeinflußt worden ist. Dazu gehörte die Frage, aus welchen Staaten das Personal der UNTAG kommen sollte, denn Südafrika würde sich gegen Kräfte sperren, die im Verdacht parteiischer Pro-SWAPO-Haltung standen. Wie bereits dargestellt, boten die VN ohnehin Anhaltspunkte, die Zweifel an ihrer unparteiischen Haltung rechtfertigten. Schon im Januar 1979 hat die KG unter sich und in Konsultation mit dem UN-SpR die Erkenntnis ausgetauscht, daß man sich dem Problem „impartiality“ werde stellen müssen.[93]

Der GS hatte Bedenken gegen die Entsendung von UNTAG, solange Südafrika und SWAPO ihn mit entgegengesetzten Auslegungen des Lösungsplans (Anhang A) konfrontierten, wobei es in erster Linie um Ziffer 8 a) ging. Dort heißt es, „....... restriction of South African and SWAPO armed forces to base.“ Wo diese Stützpunkte für SWAPO liegen sollten, war offen geblieben, doch bestand nie ein Zweifel daran, daß für etwa innerhalb Namibias vorhandene SWAPO-Kämpfer der UN-SpR in Namibia Sammelpunkte bestimmen würde, während Angola und Sambia die Verantwortung für das Stillhalten der dort befindlichen SWAPO-Einheiten im Zusammenwirken mit VN-Verbindungsbüros zu übernehmen hätten (vgl. Ziffer 12 in Anhang A).

Südafrika hatte immer darauf bestanden, SWAPO sei stets nur zeitweise und nur mit einer begrenzten Zahl von Guerillas ohne feste Stützpunkte innerhalb Namibias präsent. Diese Annahme hat die KG zwar nie schriftlich bestätigt, sie wurde aber angesichts der allgegenwärtigen militärischen Südafrika-Kontrollen von ihr, von den FLS und vom VN-Sekretariat immer für realistisch gehalten. Pretoria forderte jetzt echte UNTAG-Überwachung in Angola und Sambia wissend, daß Luanda und Lusaka dem nicht zustimmten. SWAPO ihrerseits behauptete (zu Unrecht), der Lösungsplan garantiere ihr Stützpunkte innerhalb Namibias. Gegenüber dem Sekretariat trat Nujoma nunmehr mit der verblüffenden Forderung auf, zwischen Datierung und Inkrafttreten des Waffenstillstands hätten 3 Wochen zu liegen, und in diesen 3 Wochen sei SWAPO

92 DB 3702 aus NY vom 15.12.1978 (Aus KG-Botschaft an Südafrika-Regierung: „The decision to hold the elections and talk of a constituent assembly has come close to wrecking the five‘s initiative.“); DB 3837 aus NY vom 23.12.1978; DB 3838 aus NY vom 26.12.1978; SR-Dokumente S/12938 vom 24.11.1978; S/12950 vom 2.12.1978; S/12983 vom 23.12.1978 Annex I und Annex II.

93 Zu UNTAG vgl. oben Anm. 3; KG-Befassung mit „Impartiality“ vgl. DB 41 aus NY vom 9.1.1979.

befugt, 2.500 bewaffnete Kämpfer von Angola/Sambia aus in Stützpunkte innerhalb Namibias zu verlegen.[94]

Die KG lehnte es ab, jetzt in neue Verhandlungen mit den Konfliktparteien einzutreten. Stattdessen schlug sie dem GS vor, nun seinerseits in einem offiziellen Bericht an den SR seine Interpretation als maßgebend zu dokumentieren. Sie rieten ihm, auf die neuen SWAPO-Positionen nicht einzugehen, sondern nur zu bestätigen, daß SWAPO-Kämpfer, soweit solche zu Beginn des Waffenstillstands tatsächlich in Namibia seien, entweder in ihre Lager in Angola/Sambia zurückkehren oder entwaffnet und friedlich an den Wahlen teilnehmen oder unter VN-Aufsicht in Stützpunkte innerhalb Namibias eingewiesen werden sollten. Der GS hat daraufhin die Überwachungsregeln für Namibia, Angola und Sambia im hier aufgezeigten Sinne in Ziffern 11, 12 und 13 seines SR-Berichts vom 26. Februar 1979 (S/13120) veröffentlicht.[95]

Die stark ins Einzelne gehende Nachzeichnung dieser Entwicklung ist angebracht, denn einerseits konstruierte Südafrika daraufhin den durch nichts gerechtfertigten Verdacht, im Einvermnehmen mit der KG hätten die VN insgeheim den 2.500 SWAPO-Kämpfer betreffenden Plan akzeptiert, andererseits kamen in der KG selbst Sorgen auf, der GS-Bericht könnte von SWAPO als Einladung zu Infiltrationen kurz vor Inkrafttreten des Waffenstillstands mißdeutet werden. Zehn Jahre später hat das Drama vom 1. April 1990 diese Zusammenhänge noch einmal ins Schlaglicht gerückt.[96]

Die Südafrika-Polemik gegen den GS-Bericht, aber auch verbliebene Unklarheiten über die konkrete Art der SWAPO-Überwachung in Angola und Sambia, beiderseitige Vorbehalte gegen die Herkunft einiger der vorgesehenen UNTAG-Truppenteile, militärische Südafrika-Schläge gegen SWAPO-Positionen in Nachbarländern, – alle diese Gefahren, das Klima der Verständigung total zu zerstören und den von KG und VN dringend gewünschten Waffenstillstand in weite Ferne zu rücken, veranlaßten die Fünf dazu, zum zweiten Mal Simultangespräche auf KG-Außenminister-Ebene vorzuschlagen, wiederum in New York. Als Beginn wurde der 18. März 1979 vorgesehen.[97]

Teilnehmer der Fünf waren AM Vance, AM Owen, AM Jamieson und in Vertretung ihrer Außenminister Staatssekretär Günther van Well (Deutschland) und Staatssekretär Stirn (Frankreich).

Nach einer Aussprache mit dem GS und Anhörung der angereisten internen Parteien, was nicht geringen Unwillen bei den Afrikanern auslöste, kam es am 19. und 20. März zu insgesamt freundschaftlichen Begegnungen mit den FLS und Nigeria. Diese wandten sich gegen das Südafrika-Ansinnen, alle SWAPO-Kämpfer in Angola und Sambia in bekanntzugebenden Stützpunkten zu konzentrieren. Zu groß sei die Gefahr,

94 DB 291 und 293 vom 14.2.1979; DB 305 vom 15.2.1979 – alle aus NY -.
95 DB 316 vom 17.2.1979; DB 331 vom 20.2.1979; DB 343 vom 22.2.1979 – alle aus NY -.
96 DB 385 aus NY vom 27.2.1979; DB 386 aus NY vom 28.2.1979
97 Unterlagen für die zweiten Simultangespräche: DB 517 vom 15.3.1979; DB 526 und 529 vom 16.3.1979 – alle aus NY -.

daß Südafrika die Gelegenheit ausbeuten würde, den gesamten militärischen Teil von SWAPO zu vernichten. Überraschend sorgten die FLS am 20. März für die Hereinnahme der SWAPO-Delegation unter Leitung des Vizepräsidenten Muyongo ins Ministergespräch. Dann erklärten sie: SWAPO außerhalb Namibias sei nur von den betroffenen FLS zu kontrollieren; die VN-Rolle habe sich auf UNTAG-Verbindungsbüros zu beschränken. SWAPO sage fest zu, nach dem Waffenstillstand keinen bewaffneten Kämpfer mehr nach Namibia hineinzubringen. Vor dem Waffenstillstand in Namibia anwesende Truppen müßten von UNTAG in Lager eingewiesen werden.

Das spätere Treffen mit AM Botha offenbarte, daß Südafrika bei den offensichtlich nicht durchsetzbaren Positionen, es müsse volle UNTAG-Kontrolle über SWAPO in den Nachbarstaaten gewährleistet werden und es dürfe unter keinen Umständen SWAPO-Basen in Namibia geben, verharrte. Botha verlangte definitiv Wahlen im September 1979, was UNTAG wiederum viel zu wenig Vorbereitungszeit gelassen hätte. Nach dem dürftigen Oktoberauftritt der 5 Außenminister in Pretoria hielten die Bothas es nicht mehr für nötig zu verbergen, daß sie vorerst die SR 435-Ausführung blockieren und Gewinne für die „interne Lösung" herausholen wollten. Die Fünf waren ihnen dabei ohne Gegenleistung gefällig gewesen, indem sie auf britischen Vorschlag – gegen den Rat der deutschen Seite – die internen Parteien, und dabei vor allem DTA-Führer Dirk Mudge, erstmals als KG auf AM-Ebene empfangen hatten. Noch bis 22. März auf der Ebene unterhalb der KG-Delegationsleiter mit SWAPO, den FLS, dem GS und dem UN-SpR fortgesetzte harmonische Beratungen konnten nichts daran ändern, daß diese Simultangespräche als an der Südafrika-Blockade des Lösungsplans gescheitert bewertet werden mußten.[98]

III. Zwei Genfer Durchbruchsversuche

Für den 2. April sah Pretoria die Eröffnung der „Verfassungsgebenden Versammlung" in Windhuk vor. In sarkastischer Analogie zum Rhodesien-Problem wegen der „Unilateral Declaration of Independence" von Ian Smith war „creeping UDI" jetzt in New York die Kurzfassung für die Windhuk-Phantome.

Es folgten Monate stetigen KG-Bemühens, die Blockade zu überwinden. Dazu gehörte die im Auftrag der KG durchgeführte Mission von James Murray ins südliche Afrika mit Schwerpunkt in Südafrika von Ende Juli bis Ende August 1979. Im Rahmen dieser insgesamt erfolglosen Mission ist der ursprünglich aus Luanda stammende Vorschlag einer entmilitarisierten Zone (DMZ) nördlich und südlich der namibischen Grenze zu Angola wieder aufgegriffen worden. Es kam zu einer DMZ-Kon-

98 Ablauf der zweiten Simultagespräche: DB 541 und 545 vom 19.3.1979; DB 552 und 553 vom 20.3.1979; DB 567 und 569 vom 22.3.1979; fortgesetzter Südafrika-Widerstand: DB 630 vom 3.4.1979; DB 757 vom 24.4. 1979; DB 863 vom 7.5.1979; DB 910 vom 10.5.1979 – alle aus NY -.

ferenz unter VN-Leitung vom 12. bis 16. November 1979 in Genf, an der u.a. Südafrika (begleitet von Delegierten der internen Parteien), SWAPO, die FLS, Nigeria und die KG (als Beobachter) teilnahmen. Die DMZ-Initiative ist im Ergebnis wiederum hauptsächlich an von Pretoria eingebrachten Bedingungen gescheitert.[99]

Der GS entsandte im Februar1980 den für die Leitung der militärischen UNTAG-Komponente vorgesehenen General Prem Chand zu einer Erkundungsmission nach Angola, Sambia, Botswana und Namibia. Anschließend begaben sich USG Brian Urquhard und der UN-SpR zusammen mit dem General vom 4. bis 14. März nach Südafrika und in die 5 FLS, wobei sie in Luanda auch mit SWAPO-Präsident Nujoma sprachen. Während die FLS und SWAPO offensichtlich schnell zum SR 435-Start gelangen wollten und die Vorschläge der Delegation im Wesentlichen akzeptierten, war von Pretoria kein grünes Licht zu erlangen. Im weiteren Laufe des Jahres stellte Südafrika neben Einzelfragen zu UNTAG und zur Überwachung der SWAPO ihr generelles Mißtrauen bezüglich der „impartiality" der VN als Hindernis in den Mittelpunkt.

In einem kühnen Anlauf, endlich den Durchbruch zu schaffen, hat der GS am 24. November 1980 ein „Pre-implementation Meeting" (PIM) für Januar 1981 angekündigt als „a means of facilitating agreement and creating the necessary climate of confidence and understanding". Unter VN-Vorsitz sollten außer SWAPO und Südafrika auch die internen Parteien als Begleiter des GenV offiziell vertreten sein dürfen, eine spektakuläre Konzession an Pretoria. Die KG, die FLS, Nigeria und die OAU sollten als Beobachter teilnehmen. Hauptziel sollte die verbindliche Zusage eines Datums für den Waffenstillstand und damit den Start des SR 435-Prozesses sein, spätestens 30. März 1981, so daß die Wahlen und daraufhin die Unabhängigkeit noch 1981 vollzogen sein würden.[100]

Kühn war der Anlauf in der Tat, und die KG unterstützte ihn zwar loyal, hegte aber im Grunde keine Hoffnung auf Überwindung der Südafrika-Blockade. Insbesondere drei aktuelle Faktoren legten den Schluß nahe, daß Südafrika jetzt weniger denn je bereit sein würde, die Verzögerungstaktik aufzugeben:

- Erstens hatten die im Februar 1980 in Rhodesien auf der Grundlage der Londoner Lancaster-House-Verhandlungen durchgeführten Wahlen (Rhodesien ging als Simbabwe am 18. April 1980 in die Unabhängigkeit) eine für Pretoria schockierende Überraschung gebracht. Wahlsieger war Robert Mugabe geworden. Mit seiner ZANU hatte er deutlich die absolute Mehrheit errungen, während die von Südafrika

99 Zur Murray-Mission und zur DMZ-Konferenz: DB 1474 vom 6.8.1979; DB 1562 vom 16.8.1979; DB 1663 vom 30.8.1979; DB 1684 vom 31.8.1979; DB 1780 vom 14.9.1979; DB 2771 vom 8.11.1979; DB 3476 vom 5.12.1979; – alle aus NY – ; GS-Bericht zur DMZ-Konferenz vom 20.11.1979 (S/13634) und vom 31.3.1980 (S/13862).

100 DB 863 aus NY vom 31.3.1980; DB 122 aus Kapstadt vom 12.5.1980; Brief von AM Botha an GS vom 12.5.1980 (S/13935); GS-Brief an AM Botha vom 20.6.1980 (S/14011); DB 1668 aus NY vom 25.6.1980; GS-Bericht vom 24.11.1980 (S/14266).

intensiv und mit vielseitigem Aufwand unterstützten Kräfte (insbesondere Bischof A. Muzorewa) es nur auf jämmerliche 3 % der Sitze gebracht hatten.[101] Drastischer konnte die Aussichtslosigkeit, bei freien Wahlen schwarze Wähler in nennenswertem Ausmaß manipulieren zu können, nicht demonstriert werden.

- Zweitens war die DTA dabei, in Namibia bei der schwarzen Bevölkerung rapide an Boden zu verlieren. Sie hatte sich in den Südafrika-manipulierten Wahlen 1978 imponierend durchgesetzt und beherrschte die Bausteine der „internen Lösung" („Verfassungsgebende Versammlung", „Nationalversammlung", „Ministerrat"). 1980 war jedoch die DTA-Anhängerschaft um die Hälfte abgesunken. Pretoria hatte für den Fall einer internationalen Lösung stets darauf gebaut, mit dieser Partei SWAPO in Schach halten zu können.
- Drittens blickte das Apartheid-Regime schon während des ganzen Jahres 1980 hoffnungsvoll auf die Wahlkämpfe in den USA und in der Bundesrepublik Deutschland. Es rechnete sich gute Chancen aus, daß konservative Kräfte dort die Oberhand gewinnen und das südliche Afrika endlich von den die VN-Lösung für Namibia seitens der KG am energischsten vorantreibenden Faktoren, Präsident Jimmy Carter und AM Genscher, befreien würden. Zwar blieb AM Genscher. Aber die Machtübernahme in Washington durch Ronald Reagan ermutigte die Bothas so nachhaltig, daß für sie im Januar 1981 nichts näher lag, als die Zeit bis zum Bekanntwerden der republikanischen Direktiven für die US-Afrikapolitik gelassen auszusitzen.[102]

PIM tagte vom 8. bis 14. Januar 1981 in Genf unter Vorsitz von USG Urquhart. Zum ersten Mal seit 66 Jahren de-facto-Kolonialherrschaft saß Südafrika an einem Tisch mit einer Befreiungsbewegung. Die Repräsentanten der internen Parteien, insbesondere die der DTA, nutzten zur sichtlichen Genugtuung des im Hintergrund sitzenden Staatssekretärs Fourie (AM Botha war nicht erschienen) die ihnen eingeräumte Redemöglichkeit weidlich, um sich auf internationaler Bühne zu profilieren, wobei mit, teilweise ausfälligen, Attacken auf SWAPO nicht gespart wurde. Ganz anders SWAPO. Zur Überraschung der das Gegenteil gewohnten Beobachter wahrte Nujoma nachsichtig die Ruhe, versicherte seine Bereitschaft zum Waffenstillstand und gewann Anerkennung für „staatsmännisches" Verhalten. Für Südafrika erklärte der GenV Daniel Hough am 13. Januar, es bleibe Pretoria und den internen Parteien unzumutbar,

---

101 Von 100 Sitzen im Parlament errangen ZANU (Zimbabwe African National Union) 57, die ebenfalls von Südafrika bekämpfte, von J. Nkomo angeführte ZAPU (Zimbabwe African People's Union) 20, die weißen Siedlern reservierte RF (Rhodesian Front) 20, die Südafrika-gestützten Kräfte (A.Muzorewa) 3 Sitze.

102 Zur politischen Namibia-Konstellation vor PIM und insbesondere zu den hier behandelten drei Faktoren der Südafrika-Motivation: DB 281 aus Pretoria vom 4.8.1980; DB 1955 aus NY vom 6.8.1980; DB 375 aus Pretoria vom 2.10.1980; DE 5477 von Referat 320 vom 29.10.1980; DB 3075 aus NY vom 29.10.1980; DB 3111 aus NY vom 30.10.1980; DB 445 aus Pretoria vom 31.10.1980; Ministervorlage von Referat 320 vom 17.11.1980; DB 2263 aus Paris vom 17.11.1980; Ministervorlage von Referat 320 vom 26.11.1980.

die gewünschte Absichtserklärung zu einem bestimmten Datum zu geben, weil es nicht gelungen sei, das Mißtrauen gegenüber den VN und bezüglich der Absichten der SWAPO für den Fall von deren Wahlsieg zu überwinden. Am 14. Januar stellte Urquhard das Scheitern der Konferenz fest und schloß PIM ohne konkrete Vorschläge für nächste Schritte.[103]

IV. Deus ex machina

Der stets hervorragend informierte und sachlich bewertende deutsche Botschafter Leonhard Kremer in Daressalam berichtete am 23. Januar 1981, Nyerere habe intern im Kreise seiner Berater erklärt, nachdem in Genf SWAPO und die FLS ihre Kompromißbereitschaft unter Beweis gestellt hätten, habe Afrika jetzt einen Anspruch darauf, daß der SR Sanktionen nach Artikel 41 des Kapitels VII der Charta verhänge. Da jedoch westliches Veto zu erwarten sei, bleibe nur der mit mehr Hilfe des Ostblocks verschärfte bewaffnete Kampf. Kremer fuhr in seinem Bericht fort, Nyerere, dem schon wegen der Abhängigkeit Tanzanias von der Entwicklungshilfe des Westens an stabilen Beziehungen zu den KG-Staaten gelegen sei, wolle die Eskalation der kommunistischen Rolle nur als eine Gefahr ins Spiel bringen, um den Westen am Ende doch zu härterem Durchgreifen gegen Pretoria zu bewegen. Allerdings sehe der tanzanische Staatspräsident das Gegenteil kommen: Er befürchte, daß die Reagan-Administration die Namibia-Frage in einen unmittelbaren Zusammenhang mit der sowjetisch-kubanischen Rolle in Angola stellen werde, also als Faktor im Ost-West-Kräftespiel und nicht mehr in erster Linie als ein förderungswürdiges Anliegen der Afrikaner.[104]

Schon im Januar 1981 ahnte man auch im Bonner Auswärtigen Amt, daß aus Washington Düsteres nahte. Die dortige deutsche Botschaft hatte aus der Anhörung des vorgesehenen neuen AM General Alexander M. Haig vor dem Senatsausschuß vom 14. Januar erfahren, daß der Kandidat einer klaren Antwort auf die Frage, ob er SR 435 unterstütze, ausgewichen war. Es liegt nahe, daß auch in London, Paris und Ottawa entsprechende Nachrichten ausgetauscht worden sind.[105]

Nachdem sich die Ungewißheit über die Afrikapolitik der Reagan-Regierung bereits bis März 1981 hingezogen und die dadurch bewirkte Stagnation in Sachen Namibia das Vertrauen der SWAPO, der FLS und aller Afrikaner in die westlichen Fünf immer

---

103 Ablauf der PIM-Konferenz: DB 20 vom 9.1.1981; DB 28 und 32 vom 10.1.1981; DB 54 vom 13.1.1981; DB 61 und 65 vom 14.1.1981 – alle aus Genf – ; New York Times vom 14.1.1981; UN Press Release NAM/36 vom 14.1.1981; DB 4 aus Kapstadt vom 13.1.1981. SWAPO-Sprecher Peter Nanyemba nannte PIM „eine reine Zeitverschwendung". Die Konferenz sei von Südafrika lediglich ausgenutzt worden, um „seine Marionetten vorzuführen". (DPA Nr. 197 vom 26.1.1981).

104 DB 20 aus Daressalam vom 23.1.1981; DB 73 aus Addis Abeba vom 9.2.1981.

105 DB 251 aus Washington vom 23.1.1981; DB 129 aus NY vom 23.1.1981.

tiefer ausgehöhlt hatte, wandte sich AM Genscher in einem Schreiben vom 24. März an AM Haig. Darin forderte er glaubwürdige Signale westlicher Bewegung schon bevor die neue Administration ihre Linie öffentlich festgelegt habe. Washington möge einen angesehenen US-Politiker auf Sondermission zwecks Bestandsaufnahme in die maßgebenden afrikanischen Hauptstädte entsenden. Das weitere Vorgehen sollten die 5 Außenminister dann am Rande der für Mai vorgesehenen NATO-Konferenz in Rom erörtern. AM Genscher wußte, daß auch AM Lord Carrington (Großbritannien) und der Quai d'Orsay sich in diesem Sinne bei Haig einsetzten.[106]

AM Haig kündigte daraufhin an, er werde den designierten Assistant Secretary of State for African Affairs, Chester Crocker, in Sondermission zu Konsultationen nach Afrika schicken. Erst danach werde die künftige Politik gegenüber dem südlichen Afrika bekanntgegeben.[107] Crocker führte die Mission vom 9. bis 21. April 1981 durch und traf zu deren Auswertung am 22. und 23. April in London mit leitenden Afrika-Experten aus den vier anderen Außenministerien zusammen.[108] Schon dabei wurde klar, daß in Washington im März 1981 die Entscheidung gefallen war, den Abzug der Kubaner aus Angola zur Bedingung zu machen für den US-Einsatz, bei Südafrika eine international akzeptable Namibia-Lösung durchzusetzen. Ohne hiermit an die Öffentlichkeit zu gehen, hat Haig diese Verbindung seinen vier Partnern am 3. Mai in Rom angedeutet und dann am 20./21. Juli in Ottawa offen und ausführlich dargelegt. Diese US-Politik ist unter der Bezeichnung „Linkage" in die Namibia-Geschichte eingegangen. Alle vier US-Partner haben sich in Ottawa sofort und klar gegen die Einführung dieser Bedingung gewandt und keine ihrer Regierungen hat diesen Standpunkt später zu irgendeiner Zeit verlassen.[109] Sie stimmten voll überein mit der später von Ex-AM Vance veröffentlichten Einschätzung:

> „For the future, we should press ahead on the basis of Resolution 435 and the contact group plan. At the present stage of negotiations, it is self-defeating to seek to condition implementation of a settlement, as is being done, on Angolas commitment to terminate the Cuban presence prior to the departure of South African troops. The removal of Cuban forces will come in the natuaral course of events after South African withdrawal, but not before."[110]

Nur die Einsicht, daß im südlichen Afrika ohne die USA nichts zu erreichen war, hielt die Vier von einem Ausbruch aus der KG in offener Konfrontation mit dem neuen US-Kurs ab. Nach außen stellten sie das – in der Tat vorhandene – westliche Interesse

106 Ministervorlage von Referat 320 vom 20.3.1981; DE von Referat 320 an VN New York vom 18.3.1981; DB 1252 aus Washington vom 25.3.1981.

107 DE von Referat 320 an VN New York vom 27.3.1981; DB 1335 aus Washington vom 30.3.1981.

108 DB 690 und 691 vom 23.4.1981 aus London.

109 Zur Entscheidung im März 1981 vgl. Crocker a.a.O., S. 63-67; Zum Auftritt am 20./21. Juli in Ottawa vgl. Crocker a.a.O., S.101-103.

110 Verfasser, ZEI a.a.O. S. 237/238; DB 129 aus NY vom 23.1.1981; DB 18 aus Luanda vom 26.1.1981; DB 33 aus Luanda vom 8.2.1982.

am Abzug der Kubaner nicht in Abrede, betonten aber deutlich, daß es für sie kein Junktim gebe. Vom State Department ist zeitweise versucht worden, das Junktim zu relativieren, indem man von „de-facto-parallelism" oder „empirical simultaneity" sprach. Es bestehe ein objektiver Zusammenhang zwischen beiden Problemkreisen, aber sie müßten unabhängig voneinander angegangen werden. Dagegen hatte AM Haig das „Linkage" im Gespräch vom 13. April mit GS Waldheim unverblümt beim Namen genannt. Die USA sähen das Namibia-Problem vor allem unter global-strategischen Gesichtspunkten.[111] Im US-Kreise um Crocker dominierte anfangs Lust zum totalen Neuanfang, was sich seitens der Amerikaner innerhalb der KG zunächst in Geringschätzung der bisherigen Namibia-Diplomatie ausdrückte; SR 435 sei gescheitert und solle über Bord geworfen werden.[112] Bei Crocker selbst findet sich noch 1986 ein Nachklang dieser Bewertung, wenn er vor dem Senate Committee on Foreign Relations in Bezug auf Anfang 1981 von „absence of a viable Western strategy for Namibia decolonisation" spricht.[113] Tatsächlich siegte 1981 bei ihm jedoch sogleich die Einsicht in den hohen Wert des mit den Konfliktparteien ausgehandelten und international anerkannten Lösungsplans. Crocker bezog SR 435 voll in das weitere Vorgehen ein, wobei er es auf den Anschein anlegte, der so nicht lebensfähige Plan werde nun erst durch schöpferische Umgestaltung in den Rang eines realistischen Projekts gehoben: „Constructive Engagement". Darüber im nächsten Kapitel. Zum persönlichen Kontakt mit Chester Crocker innerhalb der KG ist anzumerken, daß die anderen ihn trotz der Differenz in der Sache stets als gebildeten, zum Zuhören bereiten und im Umgang freundlichen Kollegen geschätzt haben.

Das „Linkage" übertraf die kühnsten Hoffnungen, mit denen die Südafrikaner der Reagan-Regierung entgegengesehen hatten. Außer in der oben erwähnten einzigen Phase am Ende von 1977 hatte Pretoria nie mehr auch nur andeutungsweise ein Junktim zwischen der Freigabe Namibias und dem Kubanerabzug konstruiert. Nun endlich war dem Apartheid-Regime eine zuverlässige Barriere gegen SR 435 und gegen VN-Sanktionsdruck beschert; denn auf Breschnew war Verlaß, ein Verzicht Moskaus auf „seine" Kubaner im südlichen Afrika nicht zu befürchten.[114]

---

111 DB 1024 aus NY vom 7.5.1981; DB 1911 aus Washington vom 12.5.1981; DB 2007 aus Washington vom 16.5.1981; Crocker a.a.O., S. 122; zur Einstellung Haigs vgl. auch Urquhart a.a.O., S. 320/321.

112 DB 1911 aus Washington vom 12.5.1981.

113 US Dptm. of State, Bureau of Public Affairs, Current Policy No. 796, published 18/February/1986.

114 DB 2456 aus Washington vom 18.6.1981; Ministervorlage von Referat 320 (S.4) vom 14.12.1981; DB 284 aus Pretoria 21.6.1982. „Deus ex machina": Aus der Theatersprache kommende Formel für den Dank der Bühnenmaschine überraschend von oben herabgelassenen Gott, der dann auf der Bühne heilbringend Ungemach abwendet.

V. Zwei Pfeiler des Vertrauens: Verfassungsprinzipien und „Impartiality Package“

Die KG hat auf ihrem Lösungsvorschlag seit 29. September 1978 (SR 435) nicht nur als genereller Grundlage, sondern als der konkreten Regelung des politischen Prozesses zur Dekolonisierung Namibias bestanden. Sie hat allen mehrfach von den Konfliktparteien und von Kräften in der Reagan-Administation ausgehenden Versuchen, Teile des Vorschlags neu zu verhandeln, konsequenten Widerstand entgegengesetzt. Zugleich war sie sich, wie mehrfach aufgezeigt, schon früh zweier Mängel in den Rahmenbedingungen für die VN-Lösung bewußt:

Erstens hatten SWAPO-Erklärungen dem von Pretoria ständig geschürten Mißtrauen in den Teilen der namibischen Bevölkerung, die gegen die Befreiungsbewegung waren, betreffend die im Falle eines SWAPO-Sieges zu erwartende Verfassung Auftrieb gegeben. Ängste in diesem Sinne gab es selbstverständlich bei fast allen Weißen.

Zweitens boten mehrere einseitig SWAPO-Interessen fördernde GV-Resolutionen und VN-Praktiken Anlaß zu der Befürchtung, daß UNTAG es im Übergangsprozeß an fairer Gleichbehandlung aller Parteien („impartiality“) werde fehlen lassen.

Diese Elemente der Schwäche in der Vertrauensgrundlage erwiesen sich nicht nur für Südafrika und die internen Parteien immer wieder – und schließlich tonangebend im Rahmen der PIM-Konferenz – als Rückfallpositionen, denen Glaubwürdigkeit nicht abzusprechen war. Sie beeinträchtigten auch alle fünf KG-Regierungen in der innenpolitischen Überzeugungsarbeit gegenüber konservativen Kritikern. Gegen sie schon vor Annahme von SR 435 offen anzugehen, wäre angesichts der radikalen SWAPO-Unterstützung in der GV aussichtslos gewesen.

Bei seinem Eintritt in die Namibia-Politik im Frühjahr 1981 haben Crocker und seine Assistenten den Eindruck zu schaffen versucht, als hätten erst sie diese Problemfelder entdeckt und ihre Überwindung mit „Phase 1 und Phase 2“ des neuen „constructive engagement“ in Angriff genommen. „Phase 3“ sollte dann Pretorias feste Zusicherung eines bestimmten Datums für den Beginn der SR 435-Ausführung bringen. Wie sich aus dem Folgenden ergibt, war diese Darstellung grob unsachlich und hat die anderen Vier nicht wenig befremdet. Das Wort vom „constructive hi-jacking“ machte die Runde.

Schon am 16. November 1979 hat der Verfasser als deutscher KG-Vertreter bei der Genfer DMZ-Konferenz in einem Bericht an das Auswärtige Amt in Bonn, der am gleichen Tage in englischer Übersetzung in der KG zirkuliert worden ist, den Vorschlag unterbreitet, noch vor Beginn der SR 435-Ausführung eine bindende Regelung betreffend den Inhalt der künftigen Verfassung Namibias herbeizuführen. Angeregt war der Vorschlag durch die in jenen Tagen in London erreichte Lancaster-House-Lösung auf dieser Linie für Rhodesien. In dem Bericht wird als Ziel der Regelung der Abbau des Mißtrauens und der Zukunftsängste in Südafrika und bei den internen Parteien bezeichnet. Wie in Lancaster House könne auch in diesem Falle die Unterstützung seitens der FLS als ausschlaggebender Faktor gewonnen werden. Anstelle von Großbritannien und USA im Rhodesien-Falle sei im Falle Namibia die KG als der ausreichende Glaubwürdigkeit besitzende Vermittler zur diplomatischen Ausführung der Initiative berufen.[115]

In der KG ist der Gedanke an derartige Vertrauensbildung im Jahre 1980 mehrfach zur Sprache gekommen.[116] Im Januar 1981, vor Beginn der KG-Mitarbeit Crockers, der zwar Anfang 1981 im State Department angetreten war, die Senats-Bestätigung seiner offiziellen Rolle aber erst am 9. Juni 1981 erhalten hatte, hat das Auswärtige Amt für die KG vom Namibia-Institut in Lusaka eine dort entstandene Studie zu „Constitutional Options for Namibia" beschafft. AM Genscher hat in einem Brief an AM Haig vom 24. März 1981 „die bindende Vereinbarung wichtiger Verfassungsprinzipien vor Ausführung des Lösungsplans" vorgeschlagen und dabei erwähnt, daß auch Paris diese Idee unterstütze.[117]

Am 22. und 23. April fand in London ein KG-Treffen auf der Ebene der fünf Leiter der Afrika-Abteilungen statt. Bei dieser internen Veranstaltung vertrat Crocker erstmals die USA. Die Fünf beschlossen, Verfassungsprinzipien zu entwerfen und in einem Verhandlungsprozeß mit Südafrika und den in dieser Sache als vollwertige Partner zu behandelnden internen Parteien, sowie zugleich mit den FLS und schließlich mit SWAPO Einigung über diese Prinzipien anzustreben.[118]

Am 21. Juli 1981 entschieden die fünf Außenminister (Haig/USA, Genscher/Deutschland, Cheysson/Frankreich, Carrington/Großbritannien, MacGuigan/Kanada) in Ottawa, daß mit der Vorbereitung solcher Verhandlungen begonnen werden sollte und billigten am 24. September in New York anläßlich ihres Treffens zu Beginn der GV den inzwischen von der KG erarbeiteten Entwurf. Dieser war mitgestaltet durch erhebliche deutsche Beiträge und entsprechend stark am Grundgesetz orientiert. Nach Vorunterrichtung der anzusprechenden Partner über den Entwurf begab sich die KG in einem von Washington zur Verfügung gestellten Flugzeug auf diplomatische Mission vom 25. Oktober bis 6. November 1981 mit den Stationen Lagos, Luanda,

---

115 DB 2055 aus Genf vom 16.11.1979; Bezug auf diesen Bericht und seine Zirkulierung in englischer Sprache bereits in Weiland/Braham a.a.O., S.23 und bei Engel/Schleicher a.a.O., S. 283/284.

116 Ministervorlage von Referat 320 vom 31.7.1980; DB 1979 aus NY vom 11.8.1980; DE von Referat 320 an Pretoria vom 13.8.1980.

117 DB 15 aus Lusaka vom 26.1.1981; Ministervorlage von Referat 320 vom 20.3.1981; DB 1252 aus Washington vom 25.3.1981.

118 Ministervorlage von Referat 320 vom 21.4.1981; DB 690 aus London vom 23.4.1981. Von diesem Zeitpunkt an haben bei wichtigen Anlässen meistens KG-Treffen unter Beteiligung der Afrika-Direktoren aus den fünf Außenministerien stattgefunden. In der Regel waren für USA neben Crocker auch Robert Frasure und Mrs. Nancy Ely vertreten, für Deutschland Wilhelm Haas, Ernst- Jörg von Studnitz und der Verfasser, für Frankreich Jean Ausseil und Paul Dahan, für Kanada Michael Shenstone und Eric Bergbush und für Großbritannien Leonhard Allinson und Mrs. Maeve Fort.

Kapstadt, Windhuk, Gabarone, Harare, Maputo, Lusaka, Daressalam, Nairobi (wegen des aktuellen kenianischen OAU-Vorsitzes).[119]

Es lag auf der Hand, daß nicht bei Südafrika oder in Windhuk, sondern bei SWAPO die schwierigste Überzeugungsarbeit zu leisten war, weshalb es erneut entscheidend darauf ankam, die Hilfe der FLS und Nigerias zu gewinnen. Erwartungsgemäß war deren Zustimmung nicht auf Anhieb zu erreichen.

Wiederum war besonders wichtig, wie Präsident Nyerere (Tanzania), weiterhin FLS-Sprecher, reagierte. Dieser fand die ganze Idee nicht hilfreich. Seit drei Jahren warte er vergebens auf den Erfolg. SWAPO habe auf der PIM-Konferenz die Bereitschaft zu sofortigem Waffenstillstand bestätigt. Wo bleibe der Druck auf Südafrika? Stattdessen würden mit diesen Prinzipien neue Hindernisse aufgetürmt. Die Verfassung solle man den Gewählten überlassen. Deutlich blieb bei aller Frustration dennoch, daß Nyerere keine Alternative zu SR 435 und damit zur Kooperation mit der KG sah.

Die Reaktionen der anderen Afrikaner waren nicht unfreundlich, aber ebenfalls reserviert. Eine Ausnahme brachte am 31. Oktober die Station Harare. Zum ersten Mal traf die KG mit Präsident Robert Mugabe zusammen. Er hörte den ausführlichen Prinzipienerläuterungen ruhig zu, stellte dann Fragen, deren hohes Niveau sein volles Verständnis und seine Sachkunde in Verfassungslehre offenbarte, präsentierte eine brillante Analyse der im südlichen Afrika noch zu lösenden Probleme und sagte Unterstützung des KG-Anliegens bei SWAPO zu. Diese Zusage hat Mugabe eingehalten. Er überzeugte als realistischer und politisch kluger Staatsmann. Keiner der KG-Zeugen hätte sich damals vorzustellen vermocht, in welchem Maße Simbabwe 20 Jahre später unter der verantwortungslosen Diktatur dieses Mannes würde zu leiden haben.

Nyerere veranstaltete am 17. November 1981 in Daressalam ein vertrauliches Treffen der Außenminister der FLS und Nigerias mit Nujoma. Als Ergebnis einer vierstündigen Beratung wurde den fünf lokalen Botschaftern am 18. November als „endgültige Position der FLS“ ein an mehreren Stellen gekürzter und vereinfachter, insgesamt aber konstruktiver Text übergeben. Problematisch war eine unklare Umformulierung beim Prinzip der Gewaltenteilung und beim Wahlsystem. Was dieses angeht, favorisierte die KG mit Rücksicht auf das Fehlen klar abgegrenzter Wahlkreise und auf vitale Interessen der internen Parteien eine Form des Verhältniswahlrechts und eine Vermeidung des in der Region verbreiteten Westminster-Systems („winner takes all“; wer im Wahlkreis die Mehrheit schafft, erhält den Sitz, die anderen Stimmen zählen nicht). Vergebens versuchte die KG zunächst, eine in etwa der deutschen Zweistimmen-Regelung entsprechende Wahlordnung einzubringen. Es folgten danach – insbe-

119 Zur Vorbereitung vgl.: DB 3887 und 3890 aus Washington vom 1.10.1981. KG-Delegierte auf dieser Mission waren: Crocker, Frasure (USA), Bergbush, Christopher Thomson (Kanada), Allinson, Mrs. Maeve Fort (Großbritannien), Paul Dahan (Frankreich), Verfasser und Cornelius Sommer (Deutschland).

sondere zum Wahlsystem – noch eine Fülle von Démarchen und Kontakten, bis die Fünf schließlich am 12 Juli 1982 dem GS die endgültige Einigung melden und die aus – Anhang C – ersichtlichen Verfassungsprinzipien vorlegen konnten (S/15287).[120]

Das Dokument stellt klar, daß zuerst nach demokratischen Regeln eine Verfassungsgebende Versammlung zu wählen ist. Zum Wahlsystem heißt es ausweichend: „The electoral system will seek to ensure fair representation in the Constituent Assembly to different political parties which gain substantial support in the election." Es folgen Grundrechte und die für Regierung und Verwaltung eines Rechtsstaats angemessenen Prinzipien.

In der Tat sind die Verfassungsprinzipien in der vom 22. November 1989 bis 9. Februar 1990 in Windhuk erarbeiteten Verfassung Namibias ohne jeden Pateienstreit vollständig berücksichtigt worden.[121]

„Impartiality" war 1982 für die New Yorker KG ein längst in Arbeit genommenes Problemfeld. Eng damit verbunden war die Frage der nationalen Herkunft des UNTAG-Personals. Wie bei den Verfassungsprinzipien war auch bei „impartiality" SWAPO die in erster Linie betroffene Konfliktspartei, deren Zustimmung gewonnen werden mußte, weshalb erneut alles auf diplomatische Hereinnahme der FLS ankam. Nach der oben schon erwähnten Erörterung im Januar 1979 hat die KG im Juli 1979 in die Richtlinien für die Murray-Mission ausdrückliche Zusicherungen aufgenommen für einen „fair and impartial electoral process" und dafür, „that the UNTAG military component will perform its duties capably and impartially". Der GS erhielt von AM Botha am 12. Mai 1980 ein Schreiben (S/13935), in dem der Verzicht auf VN-Bevorzugung der SWAPO insbesondere auf folgenden Gebieten gefordert wurde: Anwendung der GV-Resolutionen zu „sole and authentic representative", Vorzugsbehandlung im Vergleich zu anderen politischen Parteien Namibias in VN-Gremien (Beobachterstatus, Rederecht), finanzielle VN-Zuwendungen. Jedem war klar, daß in der GV eine förmliche Rücknahme der Qualifikation als „sole and authentic" politisch unerreichbar war, jedoch hatten die Fünf stets darauf bestanden, daß in erster Linie der SR das Entscheidungsgremium im Namibia-Prozeß sei und daß dieser niemals diese Qualifikation mitgetragen habe. Auf diese vorrangige SR-Kompetenz hat GS Waldheim in seinem Antwortschreiben an AM Botha vom 20. Juni 1980 (S/14011) hingewiesen. Die KG entwarf eine detaillierte Garantie-Erklärung des GS, wonach die VN mit Beginn des Übergangsprozesses nach SR 435 den sonstigen Botha-Forde-

120 Zu KG-Treffen mit Nyerere am 5.11.1981 vgl. DB 479 aus Nairobi vom 7.11.1981 und DB 359 aus Luanda vom 13.11.1981; zur FLS-Konferenz vom 17.11.1981 vgl. DB 526 und 529 aus Daressalam vom 18.11.1981; Südafrika-Stellungnahme vgl. DB 4883 aus Washington vom 3.12.1981; zum Abschluß der Verhandlungen über Verfassungsprinzipien vgl. DB 1713 aus NY vom 12.7.1982; zur auch später noch hilfreichen Rolle Mugabes vgl. DB 104 aus Harare vom 5.2.1989.

121 Paul Szasz in Weiland/Braham a.a.O., S. 243-256; DB 330 aus Windhuk vom 21.12.1989.

rungen genügen würden. Sie schlug vor, nach GS-Zustimmung diese im VN-Rahmen sensitiven Fragen zunächst mit den FLS vertraulich zu konsultieren. McHenry dachte daran, alsbald in einer „Schlußphase“ vertraulich ein „package“ gegenseitiger Willenserklärungen (also auch von Südafrika-Seite) zur Vertrauensbildung auszutauschen.[122]

Über diese Garantien hat die KG mit den FLS am 10. Januar 1981in Genf am Rande der PIM-Konferenz gesprochen und dabei Verständnis gefunden. McHenry wies bei dieser Gelegenheit auf die von Ben Gurirab (SWAPO) gegenüber der Presse vertretene Meinung hin, ein Alleinvertretungsanspruch der SWAPO werde „nicht mehr notwendig“ sein, nachdem der Übergangsprozeß tatsächlich begonnen haben würde.[123]

Im Lichte dieses Sachstands vor Beginn der allmählichen Einarbeitung der neuen Kollegen von der US-Administration im Frühjahr 1981 verwundert Chester Crocker‘s Behauptung, nicht nur die Verfassungsprinzipien, sondern auch das „impartiality package“ seien damals amerikanische „fresh proposals“ gewesen, um mit der KG in „restructured negotiaton“ zu gehen.[124]

Die oben beschriebene KG-Mission ins südliche Afrika vom Oktober/November 1981 hatte Gesprächsunterlagen zu „impartiality“, die im wesentlichen auf den Vorarbeiten von 1980 beruhten, im Gepäck, doch eignete sich die Verhandlungssituation nicht dazu, dieses schwierige Thema mit zu erledigen.[125] Danach jedoch lief die KG wieder zu ihrer bewährten großen Form im Handhaben aller Varianten diplomatischen Zusammenspiels auf und räumte bis Ende Juli 1982 allen Streitstoff zu „impartiality“ und zu UNTAG aus dem Wege. Sie tagte in New York, Washington und Ottawa. Immer wieder wurden Fortschritte auch in KG-abgestimmtem Vorgehen Einzelner und durch Démarchen der lokalen Botschafter bei Südafrika, FLS und im Umgang mit SWAPO gefördert. Crocker vertrat fast überwiegend selbst die USA und so waren auch stärker als zuvor die Leiter der Afrika-Abteilungen aus den anderen vier Zentralen unmittelbar beteiligt.[126]

Gegenüber Südafrika stand im Vordergrund, die Zusage der Abschaffung der „Nationalversammlung“ und des „Ministerrats“ in Windhuk, sowie die Demobilisierung der im Wege einer von Pretoria oktroyierten Wehrpflicht aufgestellten „South West African Territorial Force“ (SWATF, etwa 10.000 Mann) zu erwirken. Hierzu sind die Südafrikaner allmählich von amerikanischer Seite bewogen worden. Es handelte sich um

122 KG-Thematisierung von „Impartiality“ im Januar 1979 vgl. oben Anm. 93; Richtlinien Murray-Mission vgl. DB 1291 aus NY vom 3.7.1979; erstes KG-„Impartiality-Package“ vgl. DB 1391 vom 29.5.1980; DB 1402 vom 30.5.1980; DB 1532 vom 11.6.1980, DB 2561 vom 1.10.1980 – alle aus NY -.

123 DB 33 aus Genf vom 10.1.1981.

124 Crocker a.a.O., S. 101/102 und S. 119-123.

125 DB 2173 und 2174 vom 6.10.1981; DB 2211 und 2212 vom 8.10.1981; DB 2332 vom 15.10.1981 – alle aus NY – ; DE von Referat 320 an VN New York u.a. vom 12.11.1981.

126 Hauptakteure der KG wie oben Anm. 118 und 119.

Vorstufen zur „internen Lösung“, die eindeutig mit der von Südafrika akzeptierten SR 435 unvereinbar und daher völkerrechtswidrig waren. Nach einhelliger Überzeugung aller sachkundigen Beobachter hätte Washington die notwendigen Südafrika-Schritte, deren Vollzug für Pretoria ein Leichtes war, bei Bereitschaft zu angemessenen Drucksignalen auch ohne „Linkage“ erreicht. Es ging nicht um derart billige Kleinigkeiten, sondern um klare Südafrika-Festlegung auf einen Zeitpunkt des SR 435-Starts; hierzu („Phase 3“) vermochte Crocker nichts einzubringen. Bei UNTAG ging es nur noch um die Zusammensetzung der militärischen Komponente. Pretoria widersetzte sich nicht der Teilnahme von Kontingenten aus Staaten der Blockfreien oder sogar Osteuropas (Rumänien), sondern wünschte nur das Fernbleiben von seitens des VN-Sekretariats in Betracht gezogenen Blauhelmen aus Ländern, die von Südafrika als mit SWAPO zu alliiert angesehen wurden, z.B. Ghana, Nigeria, Panama, Bangladesh, Indien, Jugoslawien. Vorbehalte gab es sogar gegenüber Finnen (es seien schon zu viele in Namibia, insbesondere Missionare in Ovamboland), was Ahtisaari aufhorchen ließ. Schließlich konnte Südafrika hierzu beschwichtigt werden mit der Zusicherung, der GS werde bei der UNTAG-Zusammensetzung nicht gegen ein Veto Pretorias vorgehen. Tatsächlich hat sich Südafrika später der Teilnahme jener Länder außer Nigeria und Ghana nicht widersetzt.[127]

Wie oben aufgezeigt standen die Fünf vor der weitaus schwierigeren Aufgabe, gleichzeitig mit Hilfe der FLS bei SWAPO ein Nachgeben gegenüber den Botha-Forderungen im erwähnten Schreiben vom 12. Mai 1980 an den GS zu erreichen. Die KG tastete sich in allseitiger Konsultationsarbeit vor zum Entwurf einer Liste der „impartiality“-Anliegen mit dem Ziel, hierüber ein vertrauliches Einvernehmen herbeiführen zu können. Ihr war klar, daß zu dieser Zeit eine offiziell in einem VN-Dokument manifestierte Verzichtserklärung der SWAPO kein realistisches Ziel sein konnte. Zugleich stellte sie in der Liste eine breite Aufzählung von Südafrika-Verpflichtungen, die eigentlich überflüssig war, da schon unter SR 435 von Pretoria akzeptiert, an den Anfang, um den Anschein eines ausgewogenen Kompromißpakets zu schaffen (vgl. Anhang D).

Zum Schwur kam es in New York in der kanadischen VN-Mission im Rahmen der KG-Konsultationsrunde mit FLS, Nigeria, Kenia und SWAPO vom 6.bis 9. Juli 1982. Offen auch von Crocker erklärtes Ziel war die Einigung über alle noch offenen Fragen, um den SR Ende Juli in die Lage versetzen zu können, den Beginn der SR 435-Ausführung zu beschließen, und um mit der tatsächlichen Umsetzung dieser Resolution Ende August/Anfang September anfangen zu können.

Die afrikanische Seite trat in die Runde mit dem deutlich erkennbaren Willen ein, sich mit der KG zügig zu verständigen. Maßgebend begünstigt war der Einigungsprozeß durch drei überragend kompetente und in Ruhe sachlich argumentierende FLS-Vertreter: Paul Rupia (VN-Botschafter von Tanzania), Joseph Legwaila (VN-Bot-

127 DB 2483 aus Washington vom 2.6.1982; DB 2301 aus Washington vom 24.5.1982.

schafter von Botswana) und Fernando Honwana (Mosambik). So konnten wichtige Fragen diskutiert und dann ohne schriftliche Notizen einvernehmlich als erledigt erklärt werden. Solche, mit Südafrika vorgeklärte, Fragen waren z.B.: Der Umfang der Aufsichtsfunktionen des UN-SpR, die UNTAG-Aufsicht über SWAPO in Angola und Sambia unter Mitwirkung von VN-Liaison-Büros, die hinsichtlich der VN-Kontrolle gesicherte Gleichstellung der bisherigen Polizei mit der erst nach SR 435 von Südafrika eingeführten South West Africa Police Force (SWAPF), ferner die heikle Frage, wie zur Zeit vor Beginn des Waffenstillstands in Namibia befindliche bewaffnete SWAPO-Kämpfer behandelt werden sollten. Alle hatten zu bedenken, daß der Südafrika-Widerstand gegen die Neueinrichtung eines SWAPO-Lagers unüberwindlich war und daß außerdem höchste Gefahr bestand, daß sich dorthin bewegende bewaffnete SWAPO-Gruppen von den Südafrika-Streikräften gestellt und getötet würden. Die Forderung nach einem solchen Lager wurde fallen gelassen, was nur als SWAPO-Bereitschaft, hereingebrachte Waffen an UNTAG abzuliefern, verstanden werden konnte.

Anhand des erwähnten, von der KG vorbereiteten Entwurfs einer „informal check list“ (Anhang D) konnte Einigung erzielt werden über die Einstellung aller VN-Zahlungen an SWAPO und deren Verzicht auf Vorzugsbehandlung in VN-Gremien, die Einzelheiten der VN-Aufsicht über die Polizei, über die zu überwachende Demobilisierung von SWATF und über die SR-Kompetenz, aufgrund von mit den Beteiligten konsultierten GS-Vorschlägen über die Zusammensetzung von UNTAG zu entscheiden.

In der Schlußsitzung vom 9. Juli war gemäß KG-Rotation der Vorsitz an Deutschland gefallen und wurde vom Verfasser (derzeit Leiter des Referats 320 im Auswärtigen Amt) wahrgenommen. Die wesentlichen Bewegungen zur Einigung vollzogen sich in dieser Sitzung. Anschließend berichtete der Vorsitzende an seinen Minister:

> „Nach dem Weggang der Afrikaner blickten sich die Fünf mit etwas ungläubigem Gesichtsausdruck an. Der Fortschritt schien fast zu groß und schnell. Wenn das Ergebnis vom 9. Juli hält, so können wir daraus herleiten, daß die afrikanische Seite fest entschlossen ist, die Fünf mit ihrem Zeitplan beim Wort zu nehmen und SWAPO so gut wie alle Bremsmöglichkeiten zu verweigern.“[128]

Die Liste wurde als vertrauliches „non-paper“ behandelt und „impartiality package“ genannt. Die Beteiligten sahen den Inhalt als bindende vertrauliche Vereinbarung an. Entsprechend unterblieb (auf Wunsch der afrikanischen Seite) 1982 die Veröffentlichung. Nur GS Pérez de Cuéllar ist am 26. Juli vorab durch den Leiter des Referats 320 und am 24. September 1982 durch Vertreter aller Beteiligten gemeinsam unter-

128 Zum Ablauf der Runde: DB 1665 vom 6.7.1982; DB 1675 und 1678 vom 7.7.1982; DB 1687 vom 8.7.1982; DB 1702 und 1703 vom 9.7.1982 – alle aus NY – ; die UNTAG-Aufsicht über SWAPO-Lager in Angola und Sambia ist später bestätigt in GS-Bericht vom 19.5.1983 (S/15776) und in SR 532 vom 31.5.1983.

richtet worden. Im Auftrag der Fünf hatte eine KG-Mission unter Leitung des Verfassers am 30./31. Juli in Windhuk die internen Parteien über den aktuellen Sachstand unterrichtet. Damit war die KG-Arbeit an den beiden vertrauensbildenden SR 435-Flanken vollbracht.[129]

Von diesem Zeitpunkt an gab es keine glaubwürdigen Einwände Pretorias gegen die friedliche Lösung mehr. Wäre es Präsident Reagan um diese gegangen, so hätte er Ende 1982 ohne Zweifel über genügend innenpolitischen Rückhalt verfügt, um SR 435 gegen Widerstände Südafrikas durchzusetzen. Die anderen Vier waren zwar einzeln jeder für sich kaum im Stande, gegen die einseitigen Interessen ihrer jeweiligen Wirtschaftlobby zu handeln, also handfest mit Sanktionen zu drohen, wären aber mit Sicherheit in der Lage und bereit gewesen, einer entschlossenen US-Führung zu folgen.

129 DB 1780 aus NY vom 26.7.1982; Verfasser in ZEI a.a.O., S. 237; zur KG-Mission in Windhuk DB 1781 aus NY vom 26.7.1982; Staatssekretärsvorlage von Referat 320 vom 2.8.1982; New York Times vom 1.8.1982 „Namibian Accord is Expected Soon.“.

C. 1982 bis 1990: Krisenvoller Durchhalteprozeß und gutes Ende

I. Beharren auf SR 435 trotz „Linkage“

Die Kubanerfrage war 1981/82 in der KG wie bei den Afrikanern ein weitgehend verdrängtes Thema, verdeckt hinter den auch vom State Department rüstig mitgehaltenen Schleiern aus Chrocker‘s „Phase One and Phase Two“. Nun waren die Schleier nach oben entschwebt und statt der Diwa im Festkleide „Phase Three“, nämlich der Zustimmung Pretorias zum UNTAG-Start, stand jetzt unbekleidet und häßlich das „Linkage“ allein auf der Bühne.

Die Amerikaner hatten den Eindruck gefördert, der Kubanerabzug sei in Reichweite, indem Crocker die KG-Erwartung, der SR werde noch 1982 die Startresolution für den SR 435-Vollzug beschließen, die Unabhängigkeit Namibias könne also noch 1983 erreicht werden, offen mittrug, ja förderte, und indem AM George P. Shultz, seit Juni 1982 Nachfolger von Haig, zusammen mit den vier anderen Außenministern am 1. Oktober in New York öffentlich verkündete, daß die Außenminister „the constructive and flexible attitude of the parties“ begrüßten und daß „a valuable opportunity now existed to achieve a settlement in the time-frame envisaged“.[130]

In Wirklichkeit erlaubte der tatsächliche Zustand der amerikanisch-sowjetischen Beziehungen und der Kontakte Washingtons mit Luanda in keiner Weise eine derartige Erwartung. Beim Fünfertreffen vom 8. August 1982 in Paris hatte Crocker eingestehen müssen, daß zwei Missionen des US-Generals Vernon Walters nach Luanda erfolglos geblieben waren. Angola lehne den „Parallelismus“ strikt ab und verlasse sogar das ursprüngliche Angebot, den Kubanerabzug nach der Unabhängigkeitserklärung für Namibia einzuleiten. Stattdessen heiße es jetzt, zuvor müsse diese Unabhängigkeit überzeugend konsolidiert sein. Die deutsche Seite gab zu erwägen, ob Südafrika nicht statt des US-„Linkage“ eine von den anderen FLS mitgetragene Garantie Angolas, den Kubanerabzug nach Unabhägigkeit durchzuführen, angeboten werden könnte. Die Amerikaner winkten ab.[131]

Was an Konstruktionen und Tauziehen in der kommenden Zeit außerhalb der KG von Washington aus inszeniert worden ist, war im Ergebnis für die Befreiung Namibias nicht ausschlaggebend und verdient hier keine ins Einzelne gehende Darstellung. Fest steht, daß die „Linkage“-Politik in sechs für Namibia bitteren Jahren ihr Ziel nicht

130 Aufschlußreich zur Verlegenheit der Fünf: DB 2282 aus NY vom 1.10.1982; DB 1450 und 1451 aus Paris vom 5.8.1982.

131 Fünfertreffen vom 8.8.1982 in Paris: Crocker/Frasure, Ausseil/Gueguinou/ Dahan, Squire (Großbritannien), Lapointe, Leiter des Referats 320. DB 1450 aus Paris vom 5.8.1982.

erreicht hat. Nach Aussage von Crocker am 15. Februar 1983 vor dem Subcommittee on Africa des Repräsentantenhauses standen damals 20 bis 25.000 kubanische Soldaten in Angola, 1988 waren es 50.000. Was dann 1988 (aufgrund der New Yorker Vereinbarungen vom 22. Dezember zwischen Angola und Kuba sowie zwischen Südafrika, Angola und Kuba) endlich eingeleitet werden konnte, wäre infolge der durch Michail Gorbatschow ab 1985 vorbereiteten und ab 1988 offen verkündeten und weltweit tatkräftig praktizierten Wende in der sowjetischen VN- und Sicherheitspolitik auch ohne „Linkage" eingetreten.[132] Schrittweise verschwanden die kubanischen Hilfstruppen aus ganz Afrika. Auf der anderen Seite war ohne Zutun Crockers, – eher kann man sagen, trotz der Reagan-Administration, – die Widerstandsfähigkeit Pretorias 1988 nahezu erschöpft. Die PM Botha-Propaganda vom aus den Nachbarstaaten und im Inneren seitens des ANC drohenden „total communist onslaught" wirkte nur noch lächerlich. Die Selbstsicherheit und Kampfbereitshaft der politischen Opposition im Inneren war immer schwerer in Schach zu halten und sah sich international zunehmend ermutigt durch die steigende Resonanz von Anti-Apartheid-Bewegungen insbesondere in Europa. Die militärische Überlegenheit im Luftraum über Süd-Angola war verloren. Die in der Krise steckende Wirtschaft wurde verunsichert durch die Zunahme von freiwilligen Sanktionen seitens des Westens. In Namibia war die politische Partei DTA so weitgehend geschwächt, daß Pretoria an dem Konzept, eine „interne Lösung" hauptsächlich auf sie aufzubauen oder sie in internationalen Wahlen als siegesfähigen Gegner gegen SWAPO einzusetzen, nicht festhalten konnte.

Diese Perspektiven waren 1983 nicht abzusehen. Die KG wurde bei den Worten ihrer Außenminister vom 1. Oktober 1982 genommen und geriet in den VN zunehmend in Erklärungsnotstand. Die Tatsache, daß infolge der US-Politik jetzt ein zügiges Fortschreiten hin zum friedlichen Übergangsprozeß zunächst behindert war, hat einige Autoren zu dem Schluß veranlaßt, die KG habe ihre Aktivitäten eingestellt; sie sei

132 Als am 22. 12. 1988 die beiden Abkommen im großen VN-Sitzungssaal des ECOSOC am East River in Anwesenheit von GS Pérez de Cuéllar und AM Shultz von AM Botha, AM van Dunem (Angola) und AM Malmierca (Kuba) feierlich unterzeichnet worden sind (S/20345 und S/20346), waren auch James Murray, der Gesandte der französischen VN- Vertretung und der Verfasser anwesend. In keiner der den Verhandlungsprozeß würdigenden Reden des GS und der vier Minister ist die KG mit auch nur einem Wort erwähnt worden. (vgl. DB 3451 und 3452 vom 23.12.1988 aus New York).
Nach dem US-„Erfolg" des „Linkage"-Theaters ist Angola auf über ein Jahrzehnt in Elend und Bürgerkrieg zurückgeblieben.
Zur selbstlobenden Darstellung des US-Vorgehens durch Chester Crocker, „High Noon in Southern Africa", New York 1992, vgl kritisch: Seiler, J., „Destructive Engagement", in WEEKLY MAIL vom 24.6.1993; Brittain, V., Rezension in THE GUARDIAN, London, vom 25.5.1993 ; Vale, P., „Crocker's Choice.", in THE SOUTH AFRICAN JOURNAL OF INTERNATIONAL AFFAIRS , Vol. 1, No. 1, 1993 ; Davidson, B., „Bloody-Minded", in LONDON REVIEW OF BOOKS , 9. 9. 1993, Seiten 13/14. Zur generellen Kritik am „Linkage" Vgl. Kühne, W., „Frieden im südwestlichen Afrika?", in EUROPA ARCHIV, 44. Jahrgang, Nr. 4 vom 25.2.1989, Seite 108; AM Ben Gurirab (Namibia) 1992 in Weiland a.a.O., S. 47. Zu Crocker vor dem Subcommittee 1983 vgl. DB 727 vom 16.2.1983 aus Washington.

gescheitert. Wie noch belegt werden wird, war dies ein Fehlurteil, das nur durch den zu begrenzten Zugang zu Informationen, insbesondere zu schriftlichem Quellenmaterial, erklärt werden kann.[133]

Abgesehen von den noch darzustellenden besonders intensiven Fünfer-Konsultationen in den Jahren 1983/84 ist zur Kontinuität der KG generell anzumerken: Die Fünf haben ungeachtet des ja zu dieser Zeit bereits im Raume stehenden „Linkage" 1982 in effizienter Gruppenaktion unter Beteiligung Crockers zwei ihrer wichtigsten Verhandlungserfolge eingefahren. Schon deshalb kann das „Linkage" an sich nicht als kausal für KG-Stagnation hingestellt werden. Aber auch danach blieb die Gruppe Jahr für Jahr in einem Startbereitschaftsdienst. Die im nachhinein Klügeren verkennen, daß 1982 keineswegs eine Strecke der gähnenden Leere bis 1988 sichtbar war. Niemand, auch Crocker selbst nicht, rechnete ja mit einer zeitlich so ausgedehnten Verzögerung, sondern jeder hielt sich an die von Washington und aus eigenen Kontakten genährte Hoffnung, spätestens das nächste Jahr werde den Start bringen. So galt es, ständige Aktivität zu entfalten, um den Konsens-Stand mit FLS und SWAPO einigermaßen zu halten und deren Abkehr von dem so weit fortgeschrittenen Einvernehmen zu verhindern. Nicht zu leugnen ist allerdings, daß der Stoff für aufregende unmittelbare Verhandlungen mit den Konfliktparteien zur Gestaltung des Lösungsplans nun erledigt war und die KG somit im Rampenlicht weniger sichtbar geworden ist. In der Tat trat ab 1986 für fast drei Jahre eine fast lähmende Entmutigung ein durch die offensichtlich gewordene militärische US-Unterstützung der angolanischen Rebellenbewegung UNITA, nachdem der US-Kongress das aus dem Jahre 1976 stammende Clark-Amendment (keine Militärhilfe an irgendeine Partei in Angola) am 10. Juli 1985 aufgehoben hatte. Wie sollte in einer derart widersprüchlichen Konstellation in absehbarer Zeit die unverzichtbare Einigung mit der MPLA-Regierung in Luanda noch erreichbar werden?[134]

In 1983/84 ständig fortgesetzten KG-Treffen auf lokaler Arbeitsebene in New York und – auf beharrliche Initiative des Leiters des Referats 320 – auch in Bonn, vor allem aber in Konsultationen der fünf Außenminister und der fünf Afrika-Direktoren ist immer wieder klargestellt worden, daß die USA für die Lösung des mit dem „Linkage" eingebrachten Problems verantwortlich waren und daß dies nicht Teil des KG-

133 Ein Ende des Funktionierens der KG konstatieren: Claudius Wenzel: „Südafrika-Politik der Bundesrepublik Deutschland 1982 bis 1992", DUV 1994, Seite 119; Brenke a.a.O., Seite 264; Engel-Schleicher a.a.O., Seite 294; Henning Melber: „Die Dekolonisation Namibias." in Jahrbuch Dritte Welt 1990, Hsg. Deutsches Übersee-Institut Hamburg, S. 203-223 ; Jabri a.a.O., Seite 110. Derartige Vermutungen schon im CHRISTIAN SCIENCE MONITOR vom 2.6.1981: „Black Africa angry at Reagan offer of trade off to Pretoria." Beispiel für KG-Konsultation 1986 vgl. DB 790 vom 16.4.1986 (Ahtisaari spricht am 14.4. in New York mit KG über seine Besuche in Luanda und Lusaka).

134 Verfasser in ZEI a.a.O., S. 237-239; zum Clark-Amendment vgl. Jabri a.a.O., S. 162; ebenfalls dazu und zur US-Debatte über verschärfte Sanktionen gegen Südafrika vgl. Crocker a.a.O., S. 264-267.

Programms war. Zugleich dominierten in diesen Treffen aber selbstverständlich das Interesse der anderen Vier an verläßlicher Unterrichtung über den Sachstand und ihre Sorge um die unverzichtbare KG-Glaubwürdigkeit bei den FLS und bei SWAPO. Sie ließen keinen Zweifel daran, daß sie dringend auf einen wie auch immer gearteten Erfolg oder eine Änderung der Reagan-Politik warteten und natürlich auch ihrerseits – außerhalb der KG-Namibia-Initiative – mögliche Flankenhilfen im Sinne des vom Westen allgemein gewünschten Kubanerabzugs zu leisten bereit waren. Die KG koordinierte ihr Auftreten in SR und GV, analysierte die innere Lage in Südafrika und in Namibia und tauschte Informationen über Erkenntnisse aus bilateralen Kontakten mit der afrikanischen Seite aus.

Auf Vorschlag von AM Genscher konsultierten die fünf Außenminister anläßlich des Weltwirtschaftsgipfels am 28./29. Mai 1983 in Williamsburg/USA. An einem gemeinsamen Abendessen auf Einladung von AM Shultz nahmen dort AM Cheysson, AM Genscher, AM Allen MacEachen (Kanada) und Staatssekretär Bullard (Großbritannien) teil. In diesem Treffen ließ Genscher verlauten, aus der Sicht Moskaus beförde-re das „Linkage" die Südafrikaner zu „nützlichen Idioten". Weitere AM-Namibia-Gespräche gab es am 8. Juni 1983 in Paris. Direktoren-Treffen unter Teilnahme von Crocker haben u.a. stattgefunden: 1983 am 24./25. Februar in Ottawa, am 15./16. Mai in Bonn, 1984 am 6. Februar in London, am 3. Mai und am 14. November in Bonn, 1985 am 16. Juli in London.

Paris hat sich öffentlich besonders deutlich gegen die Verknüpfung der Angola-Politik Reagans mit dem SR 435-Anliegen gewandt. Bereits im Frankreich-Beitrag zur Generaldebatte der 37. GV in New York vom 30. September 1982 kündigte sich dies an. Nachdem AM Cheysson 1983 auch in der französischen Nationalversammlung (7. Dezember) diese Divergenz betont hatte, eröffnete er am Rande der NATO-Dezember-Tagung 1983 in Brüssel auch den vier KG-Kollegen gegenüber klar, Frankreich sehe in einer aktuellen Mitwirkung in der KG keinen Sinn mehr, solange Washington den Weg zur Namibia-Lösung durch das „Linkage" blockiere. Zwar war Frankreich noch am 14. November 1984 an der erwähnten KG-Tagung in Bonn und am 16. Juli 1985 an der in London durch Afrika-Direktor Jean Ausseil beteiligt, danach fanden die offiziellen KG-Sitzungen jedoch für lange Zeit ohne Frankreich-Vertreter statt.

Stellenweise ist dieses Vorgehen als Aufgabe der KG und damit Beleg ihres Scheiterns gedeutet worden. Dafür hat es aus Paris nie eine offizielle Bestätigung gegeben. Frankreich verweigerte sich dem bei seinen afrikanischen Partnern und in den VN aufkommenden Anschein, sich für ein nicht akzeptiertes US-Projekt einspannen zu lassen, hat jedoch nie seine Solidarität mit der originären KG-Initiative und seinen Willen, die SR 435-Durchführung zu fördern, in Frage gestellt. Entsprechend hielten die Franzosen sich über die Arbeitsebene stets voll informiert. Es handelte sich eher um eine vorläufige Politik des „leeren Stuhles". Dieses einseitige Vorgehen ist von den anderen Vieren selbstverständlich dennoch bedauert und als zusätzliche Belastung der KG-Glaubwürdigkeit in den VN erfahren worden. Wie sich noch zeigen wird, hat Frankreich 1989, nach Erledigung des „Linkage“, zur KG-Abwehr von Zweifeln am „impartiality package“ in New York wieder mitgewirkt.[135]

II. SWAPO und Namibia-Deutsche lernen sich kennen

Neben den Aktivitäten im Rahmen der KG hat auch jede der fünf Regierungen für sich Beiträge zur Förderung der VN-Lösung für Namibia geleistet. Dabei spielten gegenüber Südafrika die besondere traditionalle Verbindung (Großbritannien) und Ausmaße sowie Inhalte der verschiedenen Wirtschaftsbeziehungen (Großbritannien, USA, Frankreich und Deutschland), gegenüber den FLS vor allem post-koloniale Bindungen und die vielseitigen Entwicklungshilfen eine Rolle.

Im Falle der Bundesrepublik Deutschland wurde als selbstverständlich unterstellt, daß infolge der 1915 beendeten Kolonialherrschaft des Kaiserreichs und der aktuellen Existenz von zur Zeit der Fünfer-Initiative etwa 23.000 Deutschstämmigen (davon etwa 6.400 BRD-Staatsbürgern) die Bonner Politik in der Namibiafrage unter spezifischem Handlungsdruck stehen würde. In der Tat hat dieser Umstand in der heftigen innenpolitischen Auseinandersetzung in der Bundesrepublik, wo der Bonner Politik gegenüber dem südlichen Afrika seitens der CDU/CSU zeitweise erbitterter Widerstand entgegengesetzt worden ist und insbesondere der bayrische CSU-Vorsitzende Franz Joseph Strauß die Polemik immer wieder auf die Spitze trieb, erheblichen Diskussionsstoff geliefert. Für AM Genscher jedoch, der die Namibia-Politik bis 1990 ständig zu bestimmen vermochte, waren die Interessen der Namibia-Deutschen zwar stets auch wichtig, er hätte sich für die VN-Lösung jedoch auch ohne diesen Faktor mit gleicher Intensität eingesetzt. Es ging ihm neben der Vermeidung von SR-Sanktionen gegen Südafrika vordringlich darum, das in der deutschen KSZE- und Ostpolitik so zentrale Anliegen, die Menschenrechte und das Selbstbestimmungsrecht einzufordern, international sichtbar zur Geltung zu bringen. Zugleich strebte er für die Bundesrepublik, die in den VN als relativ neues Mitglied (1973) und 1977/78 erstmals als SR-Mitglied auftrat, ein besonders in den Augen der Dritten Welt überzeugendes Profil an. Für ihn war die SR 435-Lösung auch eine Vorstufe zur Überwindung der Apartheid in Südafrika selbst und damit ein Beitrag zur Entlastung gegenüber der lautstarken Kritik an den Bonner Beziehungen zu diesem Lande.[136]

Gegen vehemente innenpolitische Opposition hat AM Genscher in der Beurteilung der Befreiungsbewegungen im südlichen Afrika von Anfang an konsequent zu seiner

135 Brenke a.a.O., S. 101; Engel/Schleicher a.a.O., S. 294; Jabri a.a.O., S. 108 und S. 155-161 (dort auch ausführlich zum Hintergrund); Schreiben AM Genscher vom 2.2.1984 an AM Cheysson vgl. DE von Referat 320 an Paris u.a. vom 6.2.1984; zur Frankreich-Teilnahme am KG-Treffen 1985 vgl. Ministervorlage von Referat 320 vom 22.7.1985.

136 Verfasser in ZEI a.a.O., S. 224-227; Verfasser in Zeitschrift für die VN 2002, Heft 2, S. 48/49; zur Polemik von Franz-Joseph Strauß z.B. Der Spiegel, Nr. 32, S. 28, vom 4.8.1986.

Überzeugung gestanden, daß diese Bewegungen für nationale Unabhängigkeit und das Selbstbestimmungsrecht kämpften, daß ihre Empfänglichkeit für problematische Einwirkungen des Ostblocks eine Folge des Versagens des Westens sei, der sie in ihrem berechtigten Kampf im Stich gelassen habe, und daß diese Empfänglichkeit nicht ihre pauschale Einordnung als Moskau anheimgefallene Kommunisten und Terrorbanden rechtfertige. Damit hat die deutsche Seite in der KG von vornherein dazu beigetragen, die Partnerfähigkeit der SWAPO zu akzeptieren. Zum ersten Gespräch Genschers mit Nujoma kam es am 12. Februar 1978 am Rande der New Yorker Simultangespräche. Dem folgte schon im September eine zweite Begegnung wiederum in New York. Dabei kam vom SWAPO-Führer die bemerkenswerte Anregung, der Außenminister möge die Namibia-Deutschen zum Bleiben ermutigen; sie seien Namibier und brauchten keine entschädigungslosen Enteignungen zu befürchten. Genscher lud Nujoma nach Bonn ein. Nach einem weiteren Gedankenaustausch am 23. April 1980 in Salisbury weilte Nujoma vom 22. bis 24. Oktober in Bonn, untergebracht im offiziellen Gästehaus des Auswärtigen Amts. Der SWAPO-Chef faßte Vertrauen zu Genscher, eine Beziehung, die im Laufe der Jahre den Außenminister zu seiner bevorzugten Bezugsperson innerhalb des Kreises der Fünf gemacht und das Gewicht der deutschen Rolle in der KG deutlich gestärkt hat. Es fanden im Mai 1981 und im Juni 1982 weitere Bonn-Besuche statt. Am Rande des letzt-genannten Aufenthalts gelang es, in Bonn die erste Begegnung zwischen Crocker und Nujoma zu arrangieren. Ende 1982 hat SWAPO mit Zustimmung der Bundesregierung eine über die Friedrich-Ebert-Stiftung finanzierte Vertretung in Bonn eingerichtet. Einen neuen Auftritt Nujomas in der Hauptstadt 1984 versuchten opponierende deutsche Kräfte zu verhindern. Von der Kreisstelle München der „Deutsch-Südafrikanischen Gesellschaft“ ging an die Staatsanwaltschaft eine Anzeige gegen Nujoma wegen Mordes und Beteiligung an Sprengstoffdelikten. Genscher kam möglichen Schwierigkeiten zuvor, indem er den am 18. Februar 1984 ohnehin in Paris weilenden SWAPO-Partner ohne Erwähnung jener politisch absurden Aktion kurzerhand ins prachtvolle Palais de Beauharnais (Deutsche Botschafter-Residenz) einlud. Weitere Kontakte folgten. Zur letzten Begegnung vor der Unabhängigkeit kam der SWAPO-Führer zu ausführlichen Gesprächen mit AM Genscher und Staatsminister Helmut Schaefer (Auswärtiges Amt) vom 2. bis 5 März 1989 nach Bonn, wobei auch ein geheimes Teffen mit dem Bonner Botschafter Südafrikas (Retief) vermittelt worden ist.[137]

Dank der Sonderbeziehungen zur SWAPO vermochte Deutschland einen innerhalb der KG von allen Partnern hoch anerkannten Beitrag zur Entdämonisierung der Befreiungsbewegung und zum Abbau des bei nahezu allen Weißen in Namibia tiefsit-

137 Zur SWAPO-Diplomatie Genschers vgl. Verfasser in ZEI a.a.O. S. 235/236; Analyse betreffend SWAPO von Karl Flittner, Staatssekretärsvorlage von Referat 320 vom 13.12.1982; Nujoma-Besuch in Bonn im Mai 1981: DE von Referat 320 an Maputo u.a. vom 29.5.1981; Nujoma-Besuch in Bonn im März 1989: DE von Referat 320 an NY u.a. vom 14.3.1989. Zur Begegnung Nujoma-Crocker in Bonn: Ministervorlage von Referat 320 vom 24.5.1982 und DB 2517 aus Washington vom 3.6.1982.

zenden Mißtrauens gegen diese zu leisten. Im Jahre 1977 hatte sich eine Gruppe Namibia-Deutscher in Windhuk unter Führung von Konrad Lilienthal zur „Interessengemeinschaft Deutschsprachiger Südwester“ (IG) zusammengeschlossen. Die zunächst nur einige Hundert zählende Gruppe hat es bis 1987 auf 2.200 Mitglieder gebracht. Dieser Verein hatte sich zunächst offen zur Unterstützung der DTA bekannt, später jedoch zunehmend eine realistische, an SR 435 orientierte Position eingenommen, wohin die Mehrheit der eher konservativen, eine VN-Lösung ablehnenden Namibia-Deutschen ihr nicht folgten.

Die IG wandte sich im Juli 1980 an die deutsche Botschaft in Pretoria mit der Bitte, die Bundesregierung möge ihr eine vertraulich zu behandelnde erste Begegnung mit SWAPO vermitteln. Genscher veranlaßte daraufhin, daß Staatssekretär Günther van Well am 9. Januar 1981 am Rande der PIM-Konferenz die IG-Vorstandsmitglieder Lilienthal, Staby, Weitzel und H. Schneider zu einem Abendessen zusammen mit Nujoma, Ben Gurirab und Hamutenya von SWAPO in die Residenz des deutschen VN-Botschafters in Genf einlud. Danach blieben IG und SWAPO dort für über drei Stunden unter sich. Der SWAPO-Führer trat zur Überraschung der IG-Vertreter verbindlich und ohne Polemik auf. Diese waren fast verblüfft über das Ausmaß der Übereinstimmung eigener Vorstellungen mit denen Nujomas. Der bekannte sich prinzipiell zu Rechtsstaatlichkeit und konstruktivem Zusammenwirken mit den Weißen. Seine Bewegung ziehe aus den verheerenden Folgen des Exodus der Portugiesen aus Angola und Mosambik ihre Lehren. – Erwartungsgemäß lösten die IG-Leute mit ihrem daheim als sensationell bis skandalös empfundenen Vorstoß insbesondere bei Südafrika und der DTA aggressives Mißtrauen aus, welches sich in Vorwürfen von „opportunistischem Verrat“, „Verbrüderung mit Terroristen“ und durch Bonn angestiftetem „Separatgeschäft zugunsten der Namibia-Deutschen“ Luft machte.[138]

Weitere von Bonn vermittelte und finanzierte Gesprächsrunden IG-SWAPO haben u. a. 1982 in Paris, 1983 in Harare, 1984 in Lusaka und 1987 in Harare stattgefunden. So konnte in sachlichem Eingehen aufeinander der Sinn für gemeinsame Interessen und Ziele stabilisiert werden. Auf deutscher Seite haben sich der Afrika-Direktor Wilhelm Haas und ab 1984 sein Nachfolger Hans Günter Sulimma um diese Projekte verdient gemacht. Die IG scheute sich nicht, in Windhuk ihre Kontakte offenzulegen, und wurde so zum Multiplikator der Einsicht bei nicht wenigen Weißen, daß man mit SWAPO würde leben können.[139] Über alle diese Vorgänge ist die KG ständig informiert worden.

138 DB 263 aus Pretoria vom 23.7.1980; DB 29 und 30 vom 10.1.1981 aus Genf; DB 16 aus Kapstadt vom 27.1.1981; DB 30 aus Kapstadt vom 6.2.1981; DB 44 aus Kapstadt vom 23.2.1981.

139 Verfasser in ZEI a.a.O., S. 236; zur Person Karl Lilienthal vgl. Wilhelm Haas, „Gästebücher.“, Druck von MediaPuzzle, Berlin 2002, S. 119-128.

III. Späte Rebellion gegen die Vertrauensbasis

In den Tagen nach den New Yorker Vereinbarungen vom 22. Dezember 1988 begannen im SR Konsultationen über die nun erforderliche Ermächtigungsresolution für den Start von UNTAG. Dabei überraschten afrikanische Delegierte, unterstützt von Brasilien, mit der Auffassung, das „impartiality package" vom Juli 1982 sei nur eine formlose Abrede gewesen und könne weder GV oder SR noch daran nicht unmittelbar Beteiligte jetzt rechtlich binden. Vieles sprach dafür, daß diese Delegierten über die Vorgänge von 1982 unzulänglich unterrichtet waren. Damit drohte ein insbesondere aus Südafrika-Sicht untragbarer Wegfall der Geschäftsgrundlage.

Unverzüglich versammelte sich die New Yorker KG auf Vorschlag des Verfassers, der in seiner VN-Vertretung stellvertretender Leiter war, noch im Dezember 1988 in dessen Büro. Zu diesem Treffen erschien auch ein Vertreter der französischen VN-Vertretung. Die KG vereinbarte, jeder möge in den VN sofort mit ihm bekannten Vertretern SWAPOs, der FLS und Nigerias das aufklärende Gespräch suchen und dabei ein Exemplar des „impartiality package" übergeben. Zugleich wurden Démarchen der lokalen Fünf in Gruppe oder einzeln in den FLS-Hauptstädten veranlaßt. Auch GS Pérez de Cuéllar erkannte die Gefahr. In seinem Bericht vom 23. Januar 1989 (S/20412) hat er daraufhin in Ziffern 35 und 36 ausdrücklich betont, daß diese Vereinbarung zu den bindenden Grundlagen des Lösungsplans gehört. Um immer noch in der Afrikagruppe herumgereichten Unklarheiten ein Ende zu bereiten, hat er dann auf deutsche Anregung am 16. Mai 1989 das „impartiality package" als SR- und als GV-Dokument offiziell veröffentlicht (S/20635 und A/44/280).

Dennoch nahmen die Attacken immer bedenklichere Formen an. Die Wahlen in Namibia waren inzwischen für 7. bis 12. November 1989 angesetzt. Noch Anfang Oktober agierte vom Namibiarat aus eine Gruppe offen gegen jede Bindungswirkung der 1982 erzielten Vereinbarungen über die Wahlen hinaus. Nur die Gewählten hätten danach das Sagen und auch die GV sei dann nicht mehr gehindert, neu über Namibia zu debattieren. Damit wurde klar, daß sogar die Verfassungsprinzipien in Frage gestellt wurden. Die Gruppe spielte offenbar mit dem Plan, im Falle eines für sie unbefriedigenden Wahlausgangs mit Hilfe der großen Mehrheit der Blockfreien in der GV nicht nur die Wahlen anzufechten, sondern den ganzen SR 435-Prozeß an den Startpunkt zurückzuwerfen. Zugleich waren Kräfte im Namibiarat darauf aus, bei ihnen genehmem Wahlausgang die Verwaltung Namibias dem GenV zu entziehen und dem Namibiarat anzuvertrauen. Es handelte sich um einen eklatanten Verstoß gegen den operativen Paragraphen 1 von SR 435 in Verbindung mit dem GS-Bericht S/12827 vom 29. August 1978 (Ziffer 14). Wortführer des Störtrupps waren der Vorsitzende des Namibiarats, VN-Botschafter Peter D. Zuze (Sambia), VN-Botschafter Mudenge (Simbabwe) und – erstaunlicherweise – der VN-Botschafter Paulo Nogueira-Batista (Brasilien). In der KG herrschte der Eindruck vor, daß diese Akteure weitgehend ohne konkrete Weisungen aus ihren Hauptstädten vorgingen. Solche in den VN des öfteren anzutreffende Autarke pflegte man in der KG „unguided missiles" zu nennen.

Noch über die Wahlen hinaus hatte die KG in New York gegen diesen alarmierenden Affront zu kämpfen. Die Initiative ist dabei stets vom Verfasser ausgegangen und so fanden die Treffen in seiner VN-Vertretung statt. Für die USA erschienen Bob Rosenstock und Terry Jennings, für Großbritannien Stewart Eldon, für Kanada Mrs.Gail Miller, Mrs. Lillian Thomsen und Philippe Kirsch. Der zuständige Franzose Pierre Menat nahm teilweise nur von außen mittelbar teil; seine Weisungslage schien unklar zu sein. Die KG intensivierte nunmehr mit erweiterter Dokumentation im Einvernehmen mit den Hauptstädten die oben beschriebene Kontakt- und Démarchenkampagne. SWAPO hatte nicht zu den Anstiftern des Sabotageversuchs gehört und lenkte nach den Wahlen ein. Schließlich konnte die Krise abgewendet werden.[140]

IV. Folgenschwerer Zeitverlust im Sicherheitsrat

Der SR entschied am 16. Januar 1989 mit SR 629, der SR 435-Prozeß habe am 1. April 1989 zu beginnen, der GS möge mit Südafrika und SWAPO die Vereinbarung eines Waffenstillstands zu diesem Datum festlegen und dem SR schnellstens einen Bericht über die geplante Ausführung von UNTAG präsentieren.

Diesen Bericht legte der GS am 23. Januar vor (S/20412). Die fünf Ständigen SR-Mitglieder hatten zuvor darauf bestanden, daß die Kosten für UNTAG in Grenzen zu halten seien und daß insbesondere bei der Planung der Zahl des UNTAG-Personals ein sparsamer Maßstab anzulegen sei. In seinem Bericht ging der GS von einem Haushalt von 416 Mio. US-Dollars aus und schlug in Ziffer 54 g vor, von den ursprünglich geplanten 7.500 Blauhelmen zunächst nur 4.650 vorzusehen. Hierüber kam es zu einer noch nie dagewesenen Konfrontation zwischen den Ständigen Fünf und den Blockfreien, die keinesfalls hinnehmen wollten, daß ein Mehrbedarf an Truppen etwa eigens vom SR genehmigt werden müßte, also durch Veto blockiert werden könnte. Schließlich einigte man sich auf eine den Bericht ergänzende Erklärung des GS, wonach dieser mitteilen konnte, der SR habe ihm prompte „fullest cooperation“ für den Fall eines Mehrbedarfs zugesichert (S/20457). Dieser budgetbezogene Streit hat das vorbereitende Einrücken von UNTAG in Namibia, um für den 1. April vor Ort gerüstet zu sein, um Wochen verzögert, was mitursächlich werden sollte für noch zu zeigende tragische Ereignisse.[141]

140 D war 1987/88 zum zweiten Mal nicht-ständiges SR-Mitglied. DB 3490, 3491 und 3494 aus NY vom 31.12.1988; DB 1325 aus NY 25.7.1989; zur Krise Okt./Nov. 1989: GV-Dokument A/44/597 vom 2.10.1989; DB 2018 und 2019 aus NY vom 20.10.1989; DB 2044 aus London vom 20.10.1989; DB 2202 aus NY vom 31.10.1989; DB 2398 aus NY vom 7.11.1989; DB 2643 aus NY vom 20.11.1989.

141 Zum Hintergrund der Verzögerung: DB 61 vom 16.1.1989; DB 131 vom 30.1.1989; DB 170 vom 2.2.1989; DB 216 vom 10.2.1989 – alle aus NY – ; Zur Ermächtigungs-Resolution SR 632 vom 16.2.1989 vgl. DB aus NY an Ref. 230 vom 16.2.1989 (AZ: Pol 381.42 NAM); Zur Bewilligung des UNTAG-Haushalts durch die GV vgl. DB 343 aus NY vom 1.3.1989.

Am Mittag des 16. Februar 1989 fiel im SR endlich durch SR 632 die einstimmge Entscheidung, die SR 435-Ausführung zu beginnen. In einem im SR einmaligen Ausbruch von Freude sprangen alle Mitglieder auf und klatschten. In einer Beobachterreihe rief der 435-Veteran James Murray dem Verfasse lachend zu, in seinem Wohnzimmer hänge eingerahmt SR 435 mit den Autogrammen aller 1978 amtierenden fünf Außenminister der KG.

Zur Budgetbewilligung durch die GV kam es erst am 1. März 1989.

V. SWAPO schlägt quer

Ende März/Anfang April 1989 und danach befanden sich keine Südafrika-Streitkräfte in Angola. Folglich galt für SWAPO gemäß Ziffer 5 des Genfer Protokolls vom 5. August 1988, dem Nujoma zugestimmt hatte, daß alle Kampftruppen der SWAPO in Angola bis nördlich des 16. Breitengrads (über 120 km nördlich der namibischen Grenze) zurückgezogen sein mussten.[142] Der GS schlug Südafrika und SWAPO am 14. März 1989 vor, der Waffenstillstand solle am Morgen des 1. April um 4 Uhr Greenwich Mean Time (in Namibia um 6 Uhr morgens) beginnen. Diesem Vorschlag haben Nujoma am 18. und AM Botha am 21. März 1989 schriftlich zugestimmt. Nujoma hat in seinem Schreiben noch einmal bestätigt „.... SWAPO's acceptance of the de facto cessation of armed hostilities in and around Namibia between South Africa and SWAPO, in accordance with the Geneva Protocol of 5 August 1988."

Am 1. April 1989 brach in fröhliches Feiern in Windhuk und andernorts in Namibia zum Auftakt des Wandels die Meldung herein, bewaffnete SWAPO-Einheiten überschritten von Angola aus die Grenze und lieferten sich in Ovamboland blutige Kämpfe mit der Polizei. Der in Windhuk anwesende AM Botha warf UNTAG Versagen vor und drohte mit Abbruch des SR 435-Prozesses. Dagegen erklärte die gerade zum Besuch der Roessing Mine bei Swakopmund (Eigentum der britisch-kanadischen Rio Tinto Company) zufällig in Windhuk durchreisende PM Margaret Thatcher gegen Mitternacht besonnener, sie sei für sofortige Einberufung des SR; sie treffe Michail Gorbatschow nächste Woche und wolle die Lage mit ihm besprechen. Auf die Drohung Bothas, jetzt werde Südafrika seine Truppen wieder ausrücken lassen, konterte sie, jetzt habe UNTAG die militärische Kontrolle Namibias inne und es sei allein UNTAGs Sache, diese Krise zu handhaben.

Gerade darin lag jedoch leider das Problem. Zunehmend wurde offenkundig, daß nach und nach über 1.000 schwer bewaffnete SWAPO-Kämpfer im Norden Namibias

142 Das Genfer Protokoll ist eine Vereinbarung zwischen Angola, Südafrika und Kuba. Nujoma hat ihm mit Schreiben vom 12.8.1988 zugestimmt (S/20129); vgl. zum Ganzen auch GS-Bericht vom 23.1.1989 (S/20412) und Südafrika-Schreiben an GS vom 4.4.1989 (S/20565 und S/20566).

aufgetaucht waren. Für den UN-SpR hatte infolge der drastisch verspäteten VN-Budgetbewilligung die Zeit nicht ausgereicht, das für die Grenzregion und den Süden Angolas vorgesehene UNTAG-Personal rechtzeitig dort zu stationieren. Beobachter berichteten von verläßlichen Auskünften, wonach sich am 1. April nicht mehr als 9 (neun) UNTAG-Angehörige in der betroffenen Nordregion befunden haben. Sofort entsandte Ahtisaari 4 VN-Leute zur Erkundung in den Norden. Hierzu heißt es im offiziellen VN-Bericht:

> „The team of UNTAG officials sent to the north held discussions on 2 April with the South African security forces and interviewed two SWAPO prisoners captured the previous day. The latter said that they had been instructed by their commanders in Angola to enter Namibia, avoiding the South African security forces if possible, in order to establish bases in Namibia under United Nations supervision. Their units were to bring with them all their arms, including rockets and anti-aircraft devices."
>
> „...the captives, who had impressed the UNTAG team with their credibility..."

Aus Luanda hat die Botschaft der Bundesrepublik Deutschland am 3. April berichtet, auch angolanische Stellen schienen davon auszugehen, daß die SWAPO-Kämpfer aus Angola kamen. Zudem hätten Missionarsberichte mehrfach bestätigt, daß sich nach wie vor SWAPO-Einheiten im südlichen Teil der Provinz Cunene befänden. Ahtisaari entschied am 2. April, begrenzte Einheiten der regulären Südafrika-Truppen sollten aus ihren bewachten Stützpunkten ausrücken, um der überforderten Polizei bei der Festnahme der SWAPO-Kämpfer beizustehen. Mit dem GS hatte er zuvor Folgendes abgestimmt:

> „Certain specific units, to be agreed, will be released from restriction to base to provide such support as may be needed by the existing police forces, in case they cannot handle the situation by themselves. The situation will be kept under constant review and the movement out of existing bases will throughout be monitored by UNTAG military observers."

Der zweite Satz beinhaltete angesichts der unvollendeten UNTAG-Stationierung einen frommen Wunsch. Die Südafrika-Militärs regelten die Lage auf ihre Art. Bei eigenen Verlusten von 32 teils Armee-, teils Polizeiangehörigen töteten sie etwa 300 SWAPO-Kämpfer und nahmen einige gefangen. Dieser brutale Exzess ist in den VN scharf verurteilt worden. Die VN selbst sahen sich wegen der Verspätung vielseitigen Vorwürfen ausgesetzt, denn obwohl das UNTAG-Mandat ein gewaltsames Eingreifen nicht vorsah, nahmen die Kritiker mit Recht an, daß bei angemessener Präsenz von wachenden Blauhelmen vor Ort der tötliche Waffeneinsatz in Grenzen gehalten worden wäre. Zugleich bleibt festzuhalten, daß Ahtisaari zu keiner Zeit den Südafrikahörigen Kräften einen Spielraum für derartige Gewalttätigkeit einräumen wollte und daß er durch seine mutige und für ihn persönlich nicht ungefährliche Entscheidung den SR 435-Prozess gerettet hat.

Am 8. April befahl die SWAPO-Führung, ihre Kämpfer sollten die Gefechte einstellen, sich sammeln und unter UNTAG-Aufsicht binnen 72 Stunden nach Angola zurückbewegen. Tags darauf rief eine seit Dezember 1988 bestehende Kommission aus Vertretern Angolas, SAs und Kubas (mit Beobachtern aus USA und Sowjetunion) in der Mount-Etjo-Erklärung dazu auf, alle SWAPO-Kämpfer sollten sich in Sammelzentren einfinden, um von dort nach Abgabe der Waffen an UNTAG freies Geleit nach Angola unter UNTAG-Aufsicht zu erhalten. Auch die Vertreter Angolas gingen dabei offenbar davon aus, daß SWAPO-Kämpfer über die Grenze nach Namibia eingedrungen waren. Angesichts des gewalttätigen Vorgehens ihrer Gegner, in deren Reihen auch von Südafrika reaktivierte Angehörige der besonders gefürchteten paramilitärischen Sondereinheit „Koevoet" (Brechstange) mitwirkten, und der schwachen UNTAG-Präsenz fand sich jedoch fast niemand in den Zentren ein, sondern die SWAPO-Kämpfer bewegten sich mit ihren Waffen eigenständig über die Grenze, wobei es zu weiteren Todesopfern kam. Die dringenden Aufrufe sowohl des GS als auch der Kommission zur Gewaltvermeidung sind von Südafrika nicht beachtet worden. Erst am 19. Mai konnte endlich gemeldet werden, alle militärischen SWAPO-Kräfte befänden sich nun nördlich des 16. Breitengrads und alle Südafrika-Streitkräfte in UNTAG-bewachten Stützpunkten in Namibia. Die für den 1. April gebotene Lage war endlich hergestellt. Im VN-Bericht heißt es: „It had been a nightmare beginning to an operation which had been launched with so much hope."[143]

Was hat SWAPO zu diesem Fehler verleitet? Es bleibt bis heute ungeklärt, ob Nujoma selbst den verhängnisvollen Befehlen zugestimmt hatte. Bis heute bleibt SWAPO dabei, ihre Kämpfer seien bereits vor dem Waffenstillstand in Namibia gewesen. In der Tat ist nicht zu widerlegen, daß die weitgehend SWAPO-loyale Ovambo-Bevölkerung vielen Kämpfern vor dem 1. April heimlichen Unterschlupf geboten haben könnte. Angesichts der dichten polizeilichen Durchdringung auch des Ovambolands erscheint es jedoch unwahrscheinlich, daß über 1.000 solche Kämpfer mit Uniformen und mit teilweise kaum zu versteckenden schweren Waffen am 31. März dort startbereit gewesen sein könnten. Aber selbst wenn man diese Version als wahr unterstellt, war der Befehl zum Hervortreten nicht zu verantworten. SWAPO war durch seine VN-Vertretung über die UNTAG-Verspätung informiert, und zudem war für ihre im Ovamboland omnipräsenten Sympathisanten offenkundig, daß Blauhelme abwesend und Sammelpunkte nicht vorbereitet waren. Die Kämpfer konnten in den Stunden um den Waffenstillstand unmöglich passives Zuschauen der Polizei erwarten. SWAPO hat blutige Gefechte durch gewaltsame Gegenwehr ihrer Kämpfer und damit den Bruch des Waffenstillstands in Kauf genommen.

---

143 Zur Aprilkrise vgl. United Nations, The Blue Helmets a.a.O., S. 216-219; Weiland/Braham a.a.O., S. 73-88; DB 39 aus Windhuk vom 2.4.1989; DB 154 aus Luanda vom 3.4.1989; DB 40 aus Windhuk vom 3.4.1989; DB 597 aus NY vom 5.4.1989; 2 Südafrika-Schreiben an GS vom 4.4.1989 (S/20565 und S/20566); Blockfreien-Mitteilung an GS vom 6.4.1989 (S/20595); Mount-Etjo-Erklärung S/20579; Fortsetzung der Kämpfe vgl. DB 68 aus Windhuk vom 19.4.1989; Ausklang der Krise vgl. DB 94 aus Windhuk vom 20.5.1989.

Mit Sicherheit planten die Initiatoren keine bewaffnete Konfrontation größeren Ausmaßes. Vielmehr ist davon auszugehen, daß sie die Zeitspanne um den Beginn des Waffenstillstands ausnützen wollten, um möglichst ungeschoren in ihrem Lande aufzutauchen, sich dort UNTAG anzuvertrauen und die stets begehrten Stützpunkte etabliert zu bekommen. So wollten sie im Wahlkampf ihren heldenhaften Erfolg als militärische Befreier Namibias demonstrieren. Wahrscheinlich hat die Aussage im Waldheim-Bericht vom 26. Februar 1978 (S/13120), wonach zur Zeit des Waffenstillstand in Namibia befindliche SWAPO-Kämpfer in Stützpunkte i n n e r h a l b Namibias eingewiesen werden sollten, zur Konstruktion des Anscheins einer Legitimation beigetragen, obwohl diese Passage von Anfang an umstritten und längst durch spätere Vereinbarungen überholt war. Pretoria hatte diesen Bericht nachdrücklich zurückgewiesen. Der allseits anerkannte Tatbestand, daß SWAPO es nie zu festen Stützpunkten in Namibia gebracht hatte und sich solche nicht etwa jetzt im letzten Moment sollte erschleichen dürfen, war für Südafrika eine absolut unverzichtbare Bedingung für die Teilnahme am Lösungsprozeß. Von der Südafrika-Propaganda unabhängige Indizien sprechen deutlich dafür, daß mindestens ein Teil der SWAPO-Kämpfer noch nach Beginn des Waffenstillstands eingedrungen ist und daß damit jedenfalls auch die klare Zusage, nördlich des 16. Breitengrads zu bleiben, gebrochen worden ist.

VI. Dann trat Stille ein

UNTAG konnte von da an ihr Mandat unter Überwindung vielseitiger Schwierigkeiten ausführen.[144] Insgesamt sind 4.493 VN-Militärbedienstete und etwa 3.500 VN-Zivilbedienstete (davon 1.500 für Polizeiaufgaben) zum Einsatz gekommen. An den Wahlen vom 7. bis 11. November 1989 beteiligten sich 97 % der registrierten Wähler. Nur 1,4 % der abgegebenen Stimmzettel wurden für ungültig befunden. 670.830 Namibier haben gültig gewählt. In der Verfassungsgebenden Versammlung waren 72 Sitze vorgesehen.

Das Wahlergebnis laut SR-Dokument S/20967 Seite 10:

SWAPO:	57,3 %	=	41 Sitze
Democratic Turnhalle Alliance:	28,5 %	=	21 Sitze
United Democratic Front:	5,6 %	=	4 Sitze
Action Christian National:	3,5 %	=	3 Sitze
Federal Convention of Namibia:	1,6 %	=	1 Sitz
National Patriotic Front:	1,6 %	=	1 Sitz
Namibia National Front:	0,8 %	=	1 Sitz

144 Aufschlußreich zur UNTAG-Durchführung: GS-Berichte vom 6.10.1989 (S/20883), vom 3.11.1989 (S/20943), vom 14.11.1989 (S/20967), vom 29.11.1989 (S/20967/Add.1); SR 643 vom 31.10.1989; Notiz des SR-Präsidenten vom 20.11.1989 (S/20974).

Am 9. Februar 1990 hat diese Versammlung im Konsens die Verfassung Namibias verabschiedet. Der 21. März sollte die Unabhängigkeit bringen.[145]

An diesem Tage war das Sportstadion in Windhuk vollkommen überfüllt. Am Eingang zur abgetrennten großen Tribüne für die Ehrengäste entstand ein blockierendes, fast erstickendes Gedränge. Der auch darin eingeklemmte AM Genscher ragte heraus und hielt beide Arme um seine Frau vor ihm schützend nach außen gestemmt. Zusammen mit dem ägyptischen Staatspräsidenten Mubarak wurden sie zentimeterweise vorwärt geschoben. Es war Genschers 63. Geburtstag. Am Ende fanden alle einen Platz. Der Beginn der Unabhängigkeitsfeier hatte sich um mehr als eine Stunde verzögert.

Dann trat Stille ein.

Nach feierlichen Reden wurde die südafrikanische Nationalflagge vom Mast geholt und die namibische stieg auf. Es erklang Militärmusik, eine letzte Einheit der bisherigen Polizei marschierte geordnet aus dem Stadion und SWAPO-Soldaten zogen ein. Die Menschen fühlten, daß der Ausweg aus der Apartheid im ganzen südlichen Afrika seinen Anfang genommen hatte. Neben Nujoma standen der südafrikanische Premierminister Frederik Willem de Klerk und Nelson Mandela, zwei große Staatsmänner. Es war Abend geworden, Feuerwerke leuchteten auf und die Menschen in der Stadionrunde begannen zu singen.

Im ganzen Lande war Frieden.

145 DB 50 aus Windhuk vom 12.2.1990 ; DB 91 aus Windhuk vom 18.5.1990.

Literaturverzeichnis

Die Darstellung beruht weitgehend auf dem Verfasser vorliegenden „Drahtberichten" (DB). Es handelt sich dabei um Fernschreiben deutscher Auslandsvertretungen an das Auswärtige Amt, in denen über dienstlich relevante Erkenntnisse deutscher Diplomaten im Ausland berichtet wird. Autor eines erheblichen Teils der als Quellen genannten DB ist der Verfasser selbst.

Ansprenger, Franz, Die SWAPO. Profil einer Afrikanischen Befreiungsbewegung. München, 1984

Bley, Helmut, Der Kampf um die koloniale Sozialordnung in Deutsch-Südwestafrika 1894-1914. Hamburg, 1968

Brenke, Gabriele, Die Bundesrepublik Deutschland und der Namibia-Konflikt. Oldenbourg-Verlag, München, 1989

Crocker, Chester A., High Noon in Southern Africa. Norton, New York, 1992

Cubitt, Gerald (und Richter), Südwest. C. Struik (Pty), Kapstadt, Dritter Nachdruck 1979

Diescho, Joseph, The Namibian Constitution in Perspective. Namibia Institute for Democracy, 1994

Engel/Schleicher, Engel, Ulf (und Schleicher), Die beiden deutschen Staaten in Afrika. Institut für Afrika-Kunde, Hamburg, 1998

Franck, Thomas M., Fairness in International Law and Institutions. Clarendon Press, Oxford, 1995

Franck, Thomas M., Recourse to Force. Cambridge University Press, 2002

Haas, Wilhelm, Gästebücher. Druck: MediaPuzzle, Berlin, 2002

Hampson, Fen Osler, Nurturing Peace: Why Peace Settlements Succeed or Fail. United States Institute of Peace Press, Washington D.C., 1996

Jabri, Vivienne, Mediating Conflict. Decision-making and Western Intervention in Namibia. Manchester University Press, Manchester und New York, 1990

Jaenecke, Heinrich, Die weißen Herren. 300 Jahre Krieg und Gewalt in Südafrika. Hsg. Henri Nannen, Verlag Gruner und Jahr, Hamburg, 1976, S. 189 ff.

Klein, Eckart, Namibia. Beitrag in Encyclopedia of Public International Law. Band 3, ELSEVIER, Amsterdam, 1997

Kühne, Winrich, Südafrika und seine Nachbarn: Durchbruch zum Frieden? Baden-Baden, 1985

Kunig, Philip, Das völkerrechtliche Prinzip der Nichteinmischung. Zur Praxis der OAU und des afrikanischen Staatenverkehrs. Nomos-Verlag, Baden-Baden, 1981

Melber, Henning, Conflict Mediation in the Process of Decolonisation: Resolution 435(1978) and Namibia's Transition to Independence. Centre for Conflict Resolution, 2006 (im Druck)

Melber, Henning, Die Dekolonisation Namibias. Jahrbuch Dritte Welt 1990, Dt. Übersee-Institut Hamburg, S. 203-223

Murray, Roger u.a., The Role of Foreign Firms in Namibia. Uppsala, 1974

Nachtwei, Winfried, Namibia. Von der antikolonialen Revolte zum nationalen Befreiungskampf. 2. Aufl., Mannheim, 1976

Steltzer, Hans Georg, Die Deutschen und ihr Kolonialreich. Societäts-Verlag, Frankfurt, 1984

United Nations, The Blue Helmets. A Review of United Nations Peacekeeping. Third Edition, UN Department of Public Information, New York, 1996

Urquhart, Brian, A Life in Peace and War. Harper & Row, New York, 1987

Vance, Cyrus, Hard Choices. Simon and Schuster, New York, 1983

Vergau, Hans-Joachim, Namibia-Kontaktgruppe: Katalysator des Interessenausgleichs. In Zeitschr. für die VN, 50. Jahrgang, 2002 Nr.2, S.48-50

Vergau, Hans-Joachim, ZEI, Genscher und das südliche Afrika. In Schriften des Zentrums für Europäische Integrationsforschung, Band 50 (Genscher, Deutschland und Europa.) Nomos-Verlag Baden-Baden, 2002, S.223-239

Verheugen, Günter, Apartheid, Südafrika und die deutschen Interessen am Kap. Köln, 1986

Weiland/Braham, Weiland, Herbert (und Braham), Hsg., The Namibian Peace Process: Implications and Lessons for the Future. Arnold Bergstraesser Institut, Freiburg, 1994 Darin Beiträge von *Don McHenry, S 13 ff. Hans-Joachim Vergau, S. 18 ff., Martti Ahtisaari, S. 59 ff., Prem Chand, S. 89 ff. Paul Szasz, S. 141 und S. 241 ff.*

Wenzel, Claudius, Südafrika-Politik der Bundesrepublik Deutschland 1982-1992. Deutscher Universitäts-Verlag, Wiesbaden, 1994

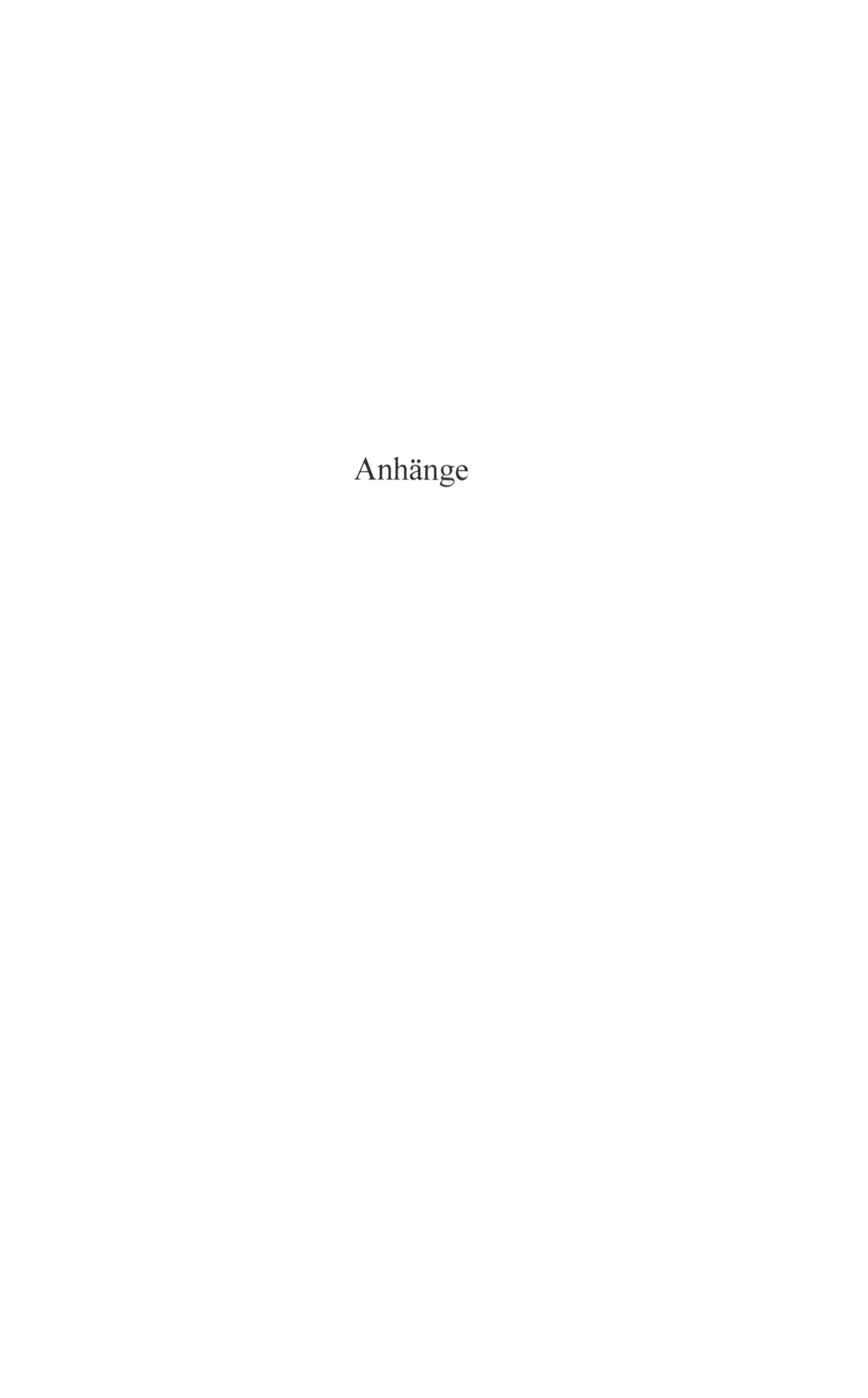

Anhänge

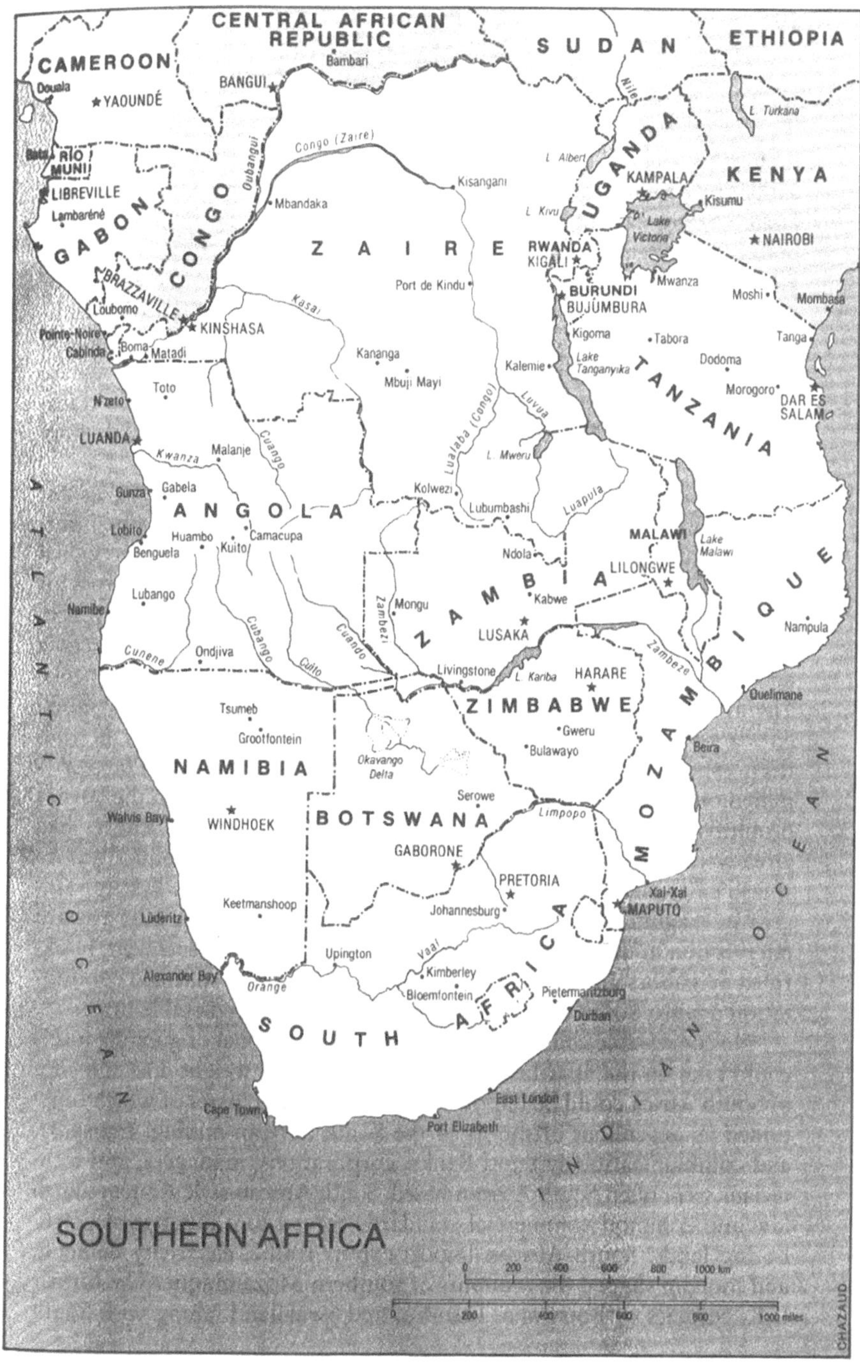
CENTRAL AFRICAN REPUBLIC
SUDAN
ETHIOPIA
CAMEROON
Douala
YAOUNDÉ
Bambari
BANGUI
RIO MUNI
Bata
LIBREVILLE
Lambaréné
GABON
CONGO
BRAZZAVILLE
Loubomo
Pointe-Noire
Cabinda
Boma
Matadi
KINSHASA
Congo (Zaire)
Oubangui
Mbandaka
Kisangani
ZAIRE
Port de Kindu
Kasai
Kananga
Mbuji Mayi
Nile
L. Turkana
L. Albert
UGANDA
KAMPALA
KENYA
Kisumu
L. Kivu
Lake Victoria
NAIROBI
RWANDA
KIGALI
Mwanza
BURUNDI
BUJUMBURA
Moshi
Mombasa
Kigoma
Tabora
Tanga
Lake Tanganyika
Kalemie
Dodoma
TANZANIA
Morogoro
DAR ES SALAAM
Luvua
Lualaba (Congo)
L. Mweru
Luapula
N'zeto
Toto
LUANDA
Kwanza
Malanje
Cuango
Gunza
Gabela
ANGOLA
Kolwezi
Lubumbashi
Lobito
Huambo
Camacupa
Benguela
Kuito
Ndola
MALAWI
Lake Malawi
LILONGWE
Lubango
ZAMBIA
Kabwe
Mongu
Zambezi
Namibe
LUSAKA
MOZAMBIQUE
Nampula
Cubango
Cuando
Cunene
Ondjiva
Cuito
Livingstone
L. Kariba
HARARE
Zambeze
Quelimane
Tsumeb
ZIMBABWE
Gweru
Grootfontein
Bulawayo
Beira
NAMIBIA
Okavango Delta
Serowe
Limpopo
Walvis Bay
WINDHOEK
BOTSWANA
GABORONE
PRETORIA
Keetmanshoop
Johannesburg
Xai-Xai
MAPUTO
Lüderitz
Upington
Vaal
Kimberley
Alexander Bay
Orange
Bloemfontein
Pietermaritzburg
Durban
SOUTH AFRICA
Cape Town
East London
Port Elizabeth
ATLANTIC OCEAN
INDIAN OCEAN
SOUTHERN AFRICA
0 200 400 600 800 1000 km
0 200 400 600 800 1000 miles
CHAZAUD

UNTAG military deployment as of November 1989

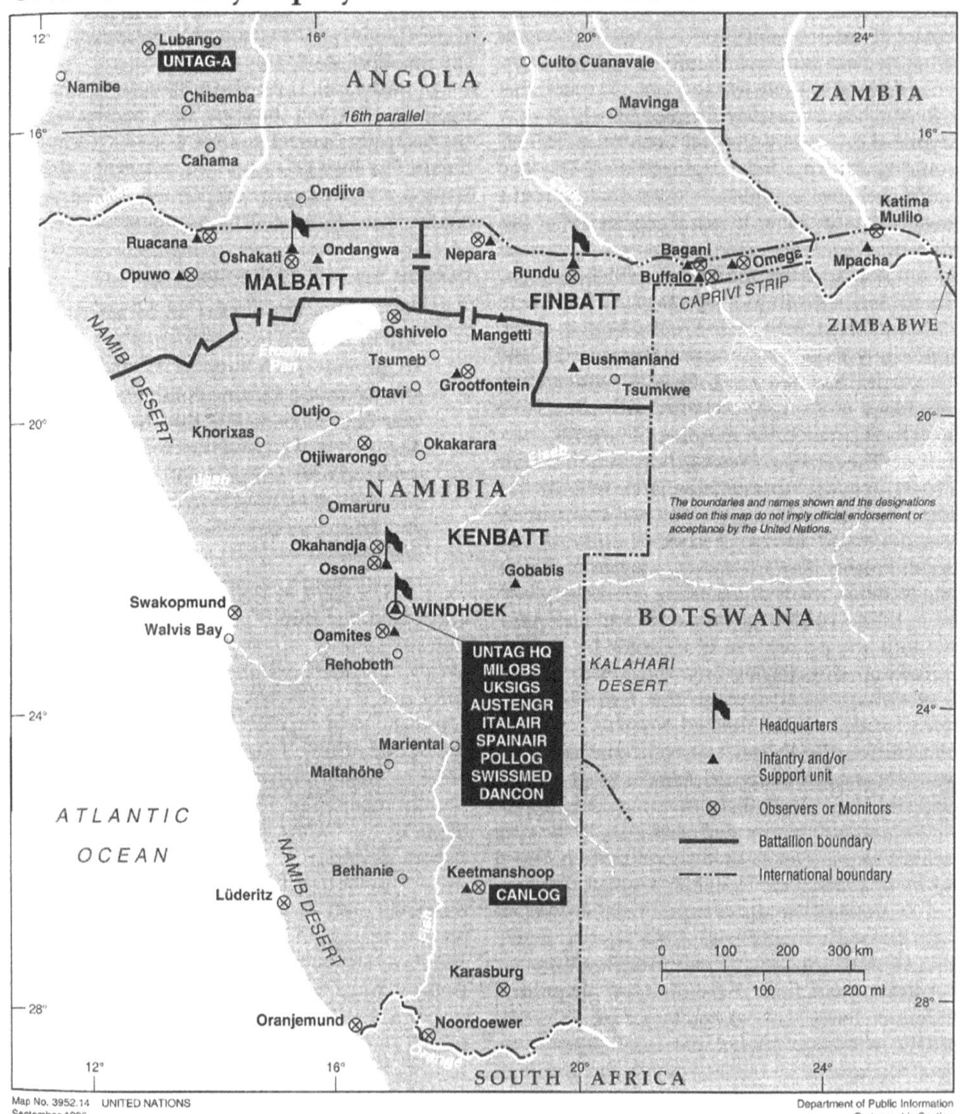

Anhang A

UNITED NATIONS

SECURITY COUNCIL

Distr.
GENERAL

S/12636
10 April 1978

ORIGINAL: ENGLISH

LETTER DATED 10 APRIL 1978 FROM THE REPRESENTATIVES OF CANADA, FRANCE, GERMANY, FEDERAL REPUBLIC OF, THE UNITED KINGDOM OF GREAT BRITAIN AND NORTHERN IRELAND AND UNITED STATES OF AMERICA ADDRESSED TO THE PRESIDENT OF THE SECURITY COUNCIL

On instructions from our Governments we have the honour to transmit to you a proposal for the settlement of the Namibian situation and to request that it be circulated as a document of the Security Council.

The objective of our proposal is the independence of Namibia in accordance with resolution 385 (1976), adopted unanimously by the Security Council on 30 January 1976. We are continuing to work towards the implementation of the proposal.

(Signed) William H. BARTON
Permanent Representative of Canada
to the United Nations

M. Jacques LEPRETTE
Permanent Representative of France
to the United Nations

Rüdiger von WECHMAR
Permanent Representative of the
Federal Republic of Germany to
the United Nations

James MURRAY
Deputy Permanent Representative of the
United Kingdom of Great Britain and
Northern Ireland to the United Nations,
Chargé d'Affaires, a.i.

Andrew YOUNG
Permanent Representative of the
United States of America to the
United Nations

78-07488 /...

Anhang A

Proposal for a settlement of the Namibian situation

I. Introduction

1. Bearing in mind their responsibilities as members of the Security Council of the United Nations, the Governments of Canada, France, the Federal Republic of Germany, the United Kingdom and the United States have consulted with the various parties involved with the Namibian situation with a view to encouraging agreement on the transfer of authority in Namibia to an independent government in accordance with resolution 385 (1976), adopted unanimously by the Security Council on 30 January 1976.

2. To this end, our Governments have drawn up a proposal for the settlement of the Namibian question designed to bring about a transition to independence during 1978 within a framework acceptable to the people of Namibia and thus to the international community. While the proposal addresses itself to all elements of resolution 385 (1976), the key to an internationally acceptable transition to independence is free elections for the whole of Namibia as one political entity with an appropriate United Nations role in accordance with resolution 385 (1976). A resolution will be required in the Security Council requesting the Secretary-General to appoint a United Nations Special Representative whose central task will be to make sure that conditions are established which will allow free and fair elections and an impartial electoral process. The Special Representative will be assisted by a United Nations Transition Assistance Group.

3. The purpose of the electoral process is to elect representatives to a Namibian Constituent Assembly which will draw up and adopt the Constitution for an independent and sovereign Namibia. Authority would then be assumed during 1978 by the Government of Namibia.

4. A more detailed description of the proposal is contained below. Our Governments believe that this proposal provides an effective basis for implementing resolution 385 (1976) while taking adequate account of the interests of all parties involved. In carrying out his responsibilities the Special Representative will work together with the official appointed by South Africa (the Administrator-General) to ensure the orderly transition to independence. This working arrangement shall in no way constitute recognition of the legality of the South African presence in and administration of Namibia

II. The electoral process

5. In accordance with Security Council resolution 385 (1976), free elections will be held, for the whole of Namibia as one political entity, to enable the people of Namibia to freely and fairly determine their own future. The elections will be under the supervision and control of the United Nations in that, as a condition to the conduct of the electoral process, the elections themselves, and the certification of their results, the United Nations Special Representative will have to satisfy himself at each stage as to the fairness and appropriateness of

/...

all measures affecting the political process at all levels of administration before such measures take effect. Moreover the Special Representative may himself make proposals in regard to any aspect of the political process. He will have at his disposal a substantial civilian section of the United Nations Transition Assistance Group, sufficient to carry out his duties satisfactorily. He will report to the Secretary-General of the United Nations, keeping him informed and making such recommendations as he considers necessary with respect to the discharge of his responsibilities. The Secretary-General, in accordance with the mandate entrusted to him by the Security Council, will keep the Council informed.

6. Elections will be held to select a Constituent Assembly which will adopt a Constitution for an independent Namibia. The Constitution will determine the organization and powers of all levels of government. Every adult Namibian will be eligible, without discrimination or fear of intimidation from any source, to vote, campaign and stand for election to the Constituent Assembly. Voting will be by secret ballot, with provisions made for those who cannot read or write. The date for the beginning of the electoral campaign, the date of elections, the electoral system, the preparation of voters rolls, and other aspects of electoral procedures will be promptly decided upon so as to give all political parties and interested persons, without regard to their political views, a full and fair opportunity to organize and participate in the electoral process. Full freedom of speech, assembly, movement and press shall be guaranteed. The official electoral campaign shall commence only after the United Nations Special Representative has satisfied himself as to the fairness and appropriateness of the electoral procedures. The implementation of the electoral process, including the proper registration of voters and the proper and timely tabulation and publication of voting results will also have to be conducted to the satisfaction of the Special Representative.

7. The following requirements will be fulfilled to the satisfaction of the United Nations Special Representative in order to meet the objective of free and fair elections:

A. Prior to the beginning of the electoral campaign, the Administrator General will repeal all remaining discriminatory or restrictive laws, regulations, or administrative measures which might abridge or inhibit that objective.

B. The Administrator General shall make arrangements for the release, prior to the beginning of the electoral campaign, of all Namibian political prisoners or political detainees held by the South African authorities so that they can participate fully and freely in that process, without risk of arrest, detention, intimidation or imprisonment. Any disputes concerning the release of political prisoners or political detainees shall be resolved to the satisfaction of the Special Representative acting on the independent advice of a jurist of international standing who shall be designated by the Secretary-General to be legal adviser to the Special Representative.

C. All Namibian refugees or Namibians detained or otherwise outside the territory of Namibia will be permitted to return peacefully and participate fully and freely in the electoral process without risk of arrest, detention, intimidation or imprisonment. Suitable entry points will be designated for these purposes.

/...

D. The Special Representative with the assistance of the United Nations High Commissioner for Refugees and other appropriate international bodies will ensure that Namibians remaining outside of Namibia are given a free and voluntary choice whether to return. Provision will be made to attest to the voluntary nature of decisions made by Namibians who elect not to return to Namibia.

8. A comprehensive cessation of all hostile acts shall be observed by all parties in order to ensure that the electoral process will be free from interference and intimidation. The annex describes provisions for the implementation of the cessation of all hostile acts, military arrangements concerning the United Nations Transition Assistance Group, the withdrawal of South African forces, and arrangements with respect to other organized forces in Namibia, and with respect to the forces of SWAPO. These provisions call for:

A. A cessation of all hostile acts by all parties and the restriction of South African and SWAPO armed forces to base.

B. Thereafter a phased withdrawal from Namibia of all but 1500 South African troops within 12 weeks and prior to the official start of the political campaign. The remaining South African force would be restricted to Grootfontein or Oshivello or both and would be withdrawn after the certification of the election.

C. The demobilization of the citizen forces, commandos, and ethnic forces, and the dismantling of their command structures.

D. Provision will be made for SWAPO personnel outside of the territory to return peacefully to Namibia through designated entry points to participate freely in the political process.

E. A military section of the United Nations Transition Assistance Group to make sure that the provisions of the agreed solution will be observed by all parties. In establishing the military section of UNTAG, the Secretary-General will keep in mind functional and logistical requirements. The Five Governments, as members of the Security Council, will support the Secretary-General's judgement in his discharge of this responsibility. The Secretary-General will, in the normal manner, include in his consultations all those concerned with the implementation of the agreement. The Special Representative will be required to satisfy himself as to the implementation of all these arrangements and will keep the Secretary-General informed of developments in this regard.

9. Primary responsibility for maintaining law and order in Namibia during the transition period shall rest with the existing police forces. The Administrator General to the satisfaction of the United Nations Special Representative shall ensure the good conduct of the police forces and shall take the necessary action to ensure their suitability for continued employment during the transition period. The Special Representative shall make arrangements when appropriate for United Nations personnel to accompany the police forces in the discharge of their duties. The police forces would be limited to the carrying of small arms in the normal performance of their duties.

/...

10. The United Nations Special Representative will take steps to guarantee against the possibility of intimidation or interference with the electoral process from whatever quarter.

11. Immediately after the certification of election results, the Constituent Assembly will meet to draw up and adopt a Constitution for an independent Namibia. It will conclude its work as soon as possible so as to permit whatever additional steps may be necessary prior to the installation of an independent Government of Namibia during 1978.

12. Neighbouring countries shall be requested to ensure to the best of their abilities that the provisions of the transitional arrangements, and the outcome of the election, are respected. They shall also be requested to afford the necessary facilities to the United Nations Special Representative and all United Nations personnel to carry out their assigned functions and to facilitate such measures as may be desirable for ensuring tranquillity in the border areas.

/...

Anhang A

ANNEX

Timing	SAG	SWAPO	UN	Other action
(1) At date unspecified:			UNSC passes resolution authorizing SYG to appoint UNSR and requesting him to submit plan for UN involvement. SYG appoints UNSR and dispatches UN contingency planning group to Namibia. SYG begins consultations with potential participants in UNTAG.	
(2) As soon as possible, preferably within one week of Security Council action:			SYG reports back to UNSC. UNSC passes further resolution adopting plan for UN involvement. Provision is made for financing.	
(3) Transitional period formally begins on date of UNSC passage of resolution adopting SYG's plan:	General cessation of hostile acts comes under UN supervision. Restriction to base of all South African forces including ethnic forces.	General cessation of hostile acts comes under UN supervision. Restriction to base.	As soon as possible: UNSR and staff (UNTAG) arrive in Namibia to assume duties. UN military personnel commence monitoring of cessation of hostile acts and commence monitoring of both South African and SWAPO troop restrictions. Begin infiltration prevention and border surveillance. Begin monitoring of police forces. Begin	Release of political prisoners/detainees wherever held begins and is to be completed as soon as possible.

AG = Administrator General; SAG = South African Government; SWAPO = South West Africa People's Organization
SYG = Secretary-General of the United Nations; UN = United Nations; UNSR = United Nations Special Representative;
UNSC = United Nations Security Council; UNTAG = United Nations Transition Assistance Group

/...

ANNEX (continued)

Timing	SAG	SWAPO	UN	Other action
			monitoring of citizen forces, ethnic forces, and military personnel performing civilian functions. UNSR makes necessary arrangements for co-ordination with neighbouring countries concerning the provisions of the transitional arrangements.	
(4) Within six weeks:	Restriction to base continues. Force levels reduced to 12,000 men.	Restriction to base continues.	Appropriate action by UN High Commissioner for Refugees outside Namibia to assist in return of exiles. All UN activity continues.	Establishment in Namibia of provisions to facilitate return of exiles. Establishment and publication of general rules for elections. Completion of repeal of discriminatory laws and restrictive legislation. Dismantlement of command structures of citizen forces, commandos and ethnic forces, including the withdrawal of all South African soldiers attached to these units. All arms, military equipment, and ammunition of citizen forces and commandos confined

/...

ANNEX (continued)

Timing	SAG	SWAPO	UN	Other action
				to drill halls under UN supervision. AG to ensure that none of these forces will drill or constitute an organized force during the transitional period except under order of the AG with the concurrence of UNSR. AG with concurrence of UNSR determines whether and under what circumstances those miliary personnel performing civilian functions will continue those functions.
(5) Within nine weeks:	Restriction to base continues. Force levels reduced to 8,000 men.	Restriction to base continues. Peaceful repatriation under UN supervision starts for return through designated entry points.	All UN activity continues.	Completion of release of political prisoners/detainees wherever held.
(6) Within 12 weeks:	Force levels reduced to 1,500 men, restricted to Grootfontein or Cshivello or both. All military installations along northern border would by now either be deactivated or put under civilian control under UN supervision.	Restriction to base continues.	All UN activity continues. Military Section of UNTAG at maximum deployment.	

/...

ANNEX (continued)

Timing	SAG	SWAPO	UN	Other action
	Facilities which depend on them (e.g., hospitals, power stations) would be protected where necessary by the UN.			
(7) Start of thirteenth week:				Official start of election campaign of about four months' duration.
(8) On date established by AG to satisfaction of UNSR:				Election to Constituent Assembly.
(9) One week after date of certification of election:	Completion of withdrawal.	Closure of all bases.		Convening of Constituent Assembly.
(10) At date unspecified:				Conclusion of Constituent Assembly and whatever additional steps may be necessary prior to installation of new government.
(11) By 31 December 1978 at latest:				Independence.

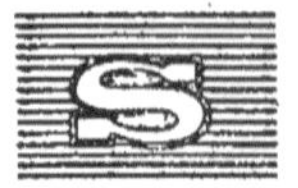

UNITED NATIONS

SECURITY COUNCIL

Distr.
GENERAL

S/RES/435 (1978)
29 September 1978

RESOLUTION 435 (1978)

Adopted by the Security Council at its 2087th meeting on 29 September 1978

The Security Council,

Recalling its resolutions 385 (1976) and 431 (1978), and 432 (1978),

Having considered the report submitted by the Secretary-General pursuant to paragraph 2 of resolution 431 (1978) (S/12827) and his explanatory statement made in the Security Council on 29 September 1978 (S/12869),

Taking note of the relevant communications from the Government of South Africa addressed to the Secretary-General,

Taking note also of the letter dated 8 September 1978 from the President of the South West Africa People's Organization (SWAPO) addressed to the Secretary-General (S/12841),

Reaffirming the legal responsibility of the United Nations over Namibia,

1. *Approves* the report of the Secretary-General (S/12827) for the implementation of the proposal for a settlement of the Namibian situation (S/12636) and his explanatory statement (S/12869);

2. *Reiterates* that its objective is the withdrawal of South Africa's illegal administration of Namibia and the transfer of power to the people of Namibia with the assistance of the United Nations in accordance with resolution 385 (1976);

3. *Decides* to establish under its authority a United Nations Transitional Assistance Group (UNTAG) in accordance with the above-mentioned report of the Secretary-General for a period of up to 12 months in order to assist his Special Representative to carry out the mandate conferred upon him by paragraph 1 of Security Council resolution 431 (1978), namely, to ensure the early independence of Namibia through free and fair elections under the supervision and control of the United Nations·

78-21191

/...

S/RES/435 (1978)
English
Page 2

4. _Welcomes_ SWAPO's preparedness to co-operate in the implementation of the Secretary-General's report, including its expressed readiness to sign and observe the cease-fire provisions as manifested in the letter from the President of SWAPO dated 8 September 1978 (S/12841);

5. _Calls on_ South Africa forthwith to co-operate with the Secretary-General in the implementation of this resolution;

6. _Declares_ that all unilateral measures taken by the illegal administration in Namibia in relation to the electoral process, including unilateral registration of voters, or transfer of power, in contravention of Security Council resolutions 385 (1976), 431 (1978) and this resolution are null and void;

7. _Requests_ the Secretary-General to report to the Security Council no later than 23 October 1978 on the implementation of this resolution.

Anhang C

UNITED
NATIONS

S

Security Council

Distr.
GENERAL

S/15287
12 July 1982

ORIGINAL: ENGLISH

LETTER DATED 12 JULY 1982 FROM THE REPRESENTATIVES OF CANADA, FRANCE, GERMANY, FEDERAL REPUBLIC OF, THE UNITED KINGDOM OF GREAT BRITAIN AND NORTHERN IRELAND AND THE UNITED STATES OF AMERICA ADDRESSED TO THE SECRETARY-GENERAL

On instructions from our Governments we have the honour to transmit to you the text of Principles concerning the Constituent Assembly and the Constitution for an independent Namibia put forward by our Governments to the parties concerned in the negotiations for the implementation of the proposal for a settlement of the Namibian situation (S/12636) in accordance with Security Council resolution 435 (1978) adopted on 29 September 1978.

We have pleasure in informing you that all parties to the negotiation now accept these Principles. Our Governments believe that a decision on the method to be employed to elect the Constituent Assembly should be made in accordance with the provision of Security Council resolution 435 (1978). All parties are agreed that this issue must be settled in accordance with the terms of Security Council resolution 435 (1978) and that the issue must not cause delay in the implementation of 435 (1978). In this regard, our Governments are in consultation with all parties.

S/15287
English
Page 2

We have the honour to request that this letter and the Principles be circulated as a document of the Security Council.

(Signed) Gérard PELLETIER
Permanent Representative of Canada
to the United Nations

(Signed) Luc de La BARRE de NANTEUIL
Permanent Representative of France
to the United Nations

(Signed) Ernst-Joerg von STUDNITZ
Chargé d'Affaires, a.i.
of the Federal Republic of Germany
to the United Nations

(Signed) Hamilton Whyte
Deputy Permament Representative of the
United Kingdom of Great Britain and
Northern Ireland to the United Nations
Chargé d'Affaires, a.i.

(Signed) William C. Sherman
Acting Permanent Representative
of the United States of America
to the United Nations

Anhang C

Annex

Principles concerning the Constituent Assembly and the Constitution for an independent Namibia

A. Constituent Assembly

1. In accordance with United Nations Security Council Resolution 435 (1978), elections will be held to select a Constituent Assembly which will adopt a Constitution for an independent Namibia. The Constitution will determine the organization and powers of all levels of government.

- Every adult Namibian will be eligible, without discrimination or fear of intimidation from any source, to vote, campaign and stand for election to the Constituent Assembly.

- Voting will be by secret ballot, with provisions made for those who cannot read or write.

- The date for the beginning of the electoral campaign, the date of elections, the electoral system, the preparation of voters rolls and other aspects of electoral procedures will be promptly decided upon so as to give all political parties and interested persons, without regard to their political views, a full and fair opportunity to organize and participate in the electoral process.

- Full freedom of speech, assembly, movement and press shall be guaranteed.

- The electoral system will seek to ensure fair representation in the Constitutent Assembly to different political parties which gain substantial support in the election.

2. The Constituent Assembly will formulate the Constitution for an independent Namibia in accordance with the principles in Part B below and will adopt the Constitution as a whole by a two-thirds majority of its total membership.

B. Principles for a Constitution for an Independent Namibia

1. Namibia will be a unitary, sovereign and democratic state.

2. The Constitution will be the supreme law of the state. It may be amended only by a designated process involving the legislature and/or votes cast in a popular referendum.

/...

3. The Constitution will determine the organization and powers of all levels of government. It will provide for a system of government with three branches: an elected executive branch which will be responsible to the legislative branch; a legislative branch to be elected by universal and equal suffrage which will be responsible for the passage of all laws; and an independent judicial branch which will be responsible for the interpretation of the Constitution and for ensuring its supremacy and the authority of the law. The executive and legislative branches will be constituted by periodic and genuine elections which will be held by secret vote.

4. The electoral system will be consistent with the principles in A. 1. above.

5. There will be a declaration of fundamental rights, which will include the rights to life, personal liberty and freedom of movement; to freedom of conscience; to freedom of expression, including freedom of speech and a free press; to freedom of assembly and association, including political parties and trade unions; to due process and equality before the law; to protection from arbitrary deprivation of private property or deprivation of private property without just compensation; and to freedom from racial, ethnic, religious or sexual discrimination. The declaration of rights will be consistent with the provisions of the Universal Declaration of Human Rights. Aggrieved individuals will be entitled to have the courts adjudicate and enforce these rights.

6. It will be forbidden to create criminal offences with retrospective effect or to provide for increased penalties with retrospective effect.

7. Provision will be made for the balanced structuring of the public service, the police service and the defense services and for equal access by all to recruitment of these services. The fair administration of personnel policy in relation to these services will be assured by appropriate independent bodies.

8. Provision will be made for the establishment of elected councils for local and/or regional administration.

UNITED NATIONS

A

General Assembly Security Council

Distr.
GENERAL

A/44/280
S/20635
16 May 1989

ORIGINAL: ENGLISH

GENERAL ASSEMBLY
Forty-fourth session
Item 36 of the preliminary list*
QUESTION OF NAMIBIA

SECURITY COUNCIL
Forty-fourth year

Letter dated 15 May 1989 from the Secretary-General to the President of the Security Council

As you will recall, in my report to the Security Council concerning the implementation of Security Council resolutions 435 (1978) and 439 (1978) concerning the question of Namibia (document S/20412 of 23 January 1989), I referred in paragraph 35 to the fact that the United Nations plan for Namibia includes agreements and understandings reached by the parties since the adoption of Security Council resolution 435 (1978) and confirmed as such to me. These agreements and understandings which, as I stated in my report, remain binding on the parties include, *inter alia*, informal understandings reached in 1982 on the question of impartiality. These understandings, also known as the impartiality package, include undertakings by the Western Contact Group, the front-line States and Nigeria and SWAPO, with respect to activities within the United Nations system once the Security Council meets to authorize the implementation of resolution 435 (1978). The informal understandings also detail corresponding obligations on the part of the Government of South Africa in order to ensure free and fair elections in Namibia. As I stated in my report referred to above, at a meeting on 24 September 1982 the representatives of the front-line States and Nigeria, SWAPO and the Western Contact Group jointly confirmed to me the agreements they had reached in respect to the impartiality package and presented me with a check-list of their informal understandings. In separate discussions with the Western Contact Group, the Government of South Africa also confirmed its agreement to those understandings which relate to its responsibilities under the plan.

---

* A/44/50/Rev.1.

89-12649 0989j (E)

/...

A/44/280
S/20635
English
Page 2

By resolution 632 (1989), the Security Council approved my report for the implementation of the United Nations plan for Namibia and called upon all parties concerned to honour their commitments to the United Nations plan and to co-operate fully with the Secretary-General in the implementation of that resolution. Under the circumstances I deem it appropriate to bring to your attention and through you to the members of the Security Council the contents of the impartiality package. I am also, by a separate communication, bringing the contents of this letter to the attention of the President of the General Assembly. I am, therefore, arranging for this letter to be issued as both a General Assembly and a Security Council document. The check-list of the informal understandings as presented to me on 24 September 1982 is attached herewith.

(Signed) Javier PEREZ DE CUELLAR

/...

ANNEX

<u>Namibia: Informal check list</u>

1. The elections will be under the supervision and control of the United Nations (UN) and the UN Special Representative (UNSR) must be satisfied at each stage of that process as to the fairness and appropriateness of all measures affecting the political process at all levels of administration before such measures take effect.

2. Full freedom of speech, assembly, movement and press shall be guaranteed.

3. All legislation - including proclamations by the Administrator-General (AG) - that are inconsistent with the plan must be repealed. All discriminatory or restrictive laws, regulations or administrative measures which might abridge or inhibit free and fair elections must be repealed.

4. The AG must make arrangements for the release, prior to the beginning of the electoral campaign, of all Namibian political prisoners or political detainees held by the South African authorities.

5. All Namibians in exile shall have the right of peaceful return so that they can participate fully and freely in the elections without risk of arrest, detention, intimidation or imprisonment.

6. The UN has made provisions to finance the return of these detainees and those in exile ($33 million in original UN budget estimate).

7. Council of Ministers and National Assembly: UN Security Council resolution (SCR) 439 declares that all unilateral measures taken by the illegal administration in Namibia in relation to the transfer of power are null and void. The December 1978 elections held in Namibia are null and void. No recognition has been accorded either by the UN or any Member State (other than South Africa) to any representatives or organs established by that process. Accordingly only the Administrator-General and UNSR will exercise authority during the transition period within Namibia consistent with the settlement plan and will do so impartially.

8. Impartiality provisions to be covered by final Security Council enabling resolution: the resolution should emphasize responsibility of all concerned to co-operate to ensure impartial implementation of the settlement plan. The Secretary-General and UN bodies should be directed to act impartially according to the settlement plan and the Secretary-General should be directed to:

(a) initiate a review of all programmes administered by organs of the UN with respect to Namibia to ensure that they are administered on an impartial basis;

(b) seek the co-operation of the executive heads of the specialized agencies and other organizations and bodies within the UN system to ensure that their activities with respect to Namibia are conducted impartially.

/...

9. At the Security Council meeting to authorize implementation of SCR 435, speakers should be kept to a minimum. Specifically, none of the parties to the election or to the cease-fire would speak.

10. Consideration of the question of Namibia at the regular General Assembly should be suspended during the transition period.

11. The UN will not provide funds for SWAPO or any other party during the transition period.

12. The UN Council for Namibia should refrain from engaging in all public activities once the Security Council meets to authorize implementation.

13. The Commissioner for Namibia and his Office should suspend all political activities during the transition period.

14. SWAPO will voluntarily forego the exercise of the special privileges granted to it by the General Assembly, including participation as an official observer in the General Assembly and in other bodies and conferences within the UN system.

15. Monitoring the South West Africa Police Force: the UN Plan provides that the primary responsibility for maintaining law and order in Namibia during the transition period shall rest with the existing police forces. The AG, to the satisfaction of the UNSR, shall ensure the good conduct of the police forces and shall take the necessary action to ensure their suitability for continued employment during the transition period. The UNSR shall make arrangements when appropriate for UN personnel to accompany the police forces in the discharge of their duties. The police forces would be limited to the carrying of small arms in the normal performance of their duties. The UN Plan also provides that the UNSR will take steps to guarantee against the possibility of intimidation or interference with the electoral process from whatever quarter. The Secretary-General has provided that designated personnel will be at the disposal of the UNSR to ensure that these monitoring responsibilities will be satisfactorily performed. For reasons of safety and effectiveness, these tasks will be performed by civilian personnel who are professionally qualified. The number of UN personnel to monitor the police appropriate to the tasks they are expected to perform will be kept under continuous review.

16. South West Africa Territorial Force (SWATF): The UN Plan specifies that the United Nations Transition Assistance Group (UNTAG) military component will monitor "the demobilization of citizen forces, commandos, and ethnic forces, and the dismantling of their command structure". UNTAG will monitor the demobilization of SWATF and the dismantling of its command structure.

17. Composition of the UNTAG military component will be decided by the Security Council on the recommendation of the Secretary-General after due consultations. Final arrangements for the military component of UNTAG including monitoring of SWAPO facilities in Angola and Zambia will be decided by the Secretary-General, after due consultation.

Zeitfracht Medien GmbH
Ferdinand-Jühlke-Straße 7
99095 Erfurt, Deutschland
produktsicherheit@kolibri360.de